消费者价格评价研究

常雪 著

南开大学出版社

天　津

图书在版编目(CIP)数据

消费者价格评价研究 / 常雪著.—天津:南开大
学出版社,2016.12
ISBN 978-7-310-05286-8

Ⅰ.①消… Ⅱ.①常… Ⅲ.①居民消费价格－综合评
价－研究 Ⅳ.①F714.1

中国版本图书馆 CIP 数据核字(2016)第 309320 号

南开大学出版社出版发行
出版人:刘立松
地址:天津市南开区卫津路 94 号　　邮政编码:300071
营销部电话:(022)23508339　23500755
营销部传真:(022)23508542　　邮购部电话:(022)23502200

*

北京楠海印刷厂印刷
全国各地新华书店经销

*

2016 年 12 月第 1 版　　2016 年 12 月第 1 次印刷
230×170 毫米　16 开本　13.375 印张　244 千字
定价:38.00 元

如遇图书印装质量问题,请与本社营销部联系调换,电话:(022)23507125

序

　　价格，经济活动中永恒的主题，无时无刻不在左右着人们的经济行为，卖者因价格高低而收益多寡，买者因价格高低而平衡交易进退。时至今日，商品种类若繁星朵朵，价格越来越如复杂的符号，而不再是易货贸易时代商品上所标明的阿拉伯数字与另一商品组合，消费者价格行为也随之不再简单。为解密消费者价格行为与价格间的关系，各国学者，特别是国外学者围绕着消费者价格行为展开了大量的研究，并使其发展为一个多学科交融的研究领域。

　　目前消费者价格行为基础理论与应用研究如百家争鸣，但是对价格概念及其在消费者价格行为中的运用方面尚缺乏统一认识，如：价格研究成果显示价格具有多维结构，不同价格维度是否在不同行业与商品上都具有对应的作用方式及价格属性相互间的影响程度尚不明了；单维度价格属性与消费者参考价格及价格行为之间的关系研究已较多，但对多维度价格属性与消费者参考价格及价格行为之间关系的理解不足；现代消费者行为与理性"经济人"的偏离愈来愈明显，价格行为也常常显示出特殊的价格偏好，反映到价格属性上来说，其具体的某一消费行为表现出受某一价格属性影响更强，而如何揭示这一现象内在特征也需要继续研究；消费者参考价格的建立标准与调整方式也受控于他们在价格评价过程中价格环境的影响，但价格环境的调节效用对价格各属性影响力的研究较为欠缺。本书立足于以参考价格为基础的消费者价格评价视角，从价格感知属性认识消费者价格全面感知形态，研究消费者价格感知多重属性的形成和相互间的影响，探索价格环境因素对消费者价格感知属性的调节作用。

　　研究依三个层面展开，第一层面为消费者价格全面感知作为结果变量表达消费者价格全面评价，第二层面是价格属性作为消费者价格评价的自变量，第三层面是影响价格感知属性的价格环境因素变量。其中，以第一层面和第二层面共同构建消费者价格全面感知子模型，进行消费者价格廉价性、价格公平性和价格多样性三维度基本特性，不同价格维度对价格全面感知的作用方式，价格属性相互间的影响特点等方面研究；组合第二层面和第三层面构建价格环境因素对消费者价格感知属性的调节子模型，设立了消费者参与程度、价格感知经验、满意度三个价格环境调节因素衡量消费者价格感知属性受环境因素影响的方式。

第3章着眼于现有消费者价格行为相关理论基础，以消费者剩余理论、公平理论、前景理论、心理账户理论为核心，详细分析了消费者价格行为特征，进而凝炼出消费者价格感知属性的理论成因。同时，回顾与评价了当前两类消费者价格模型，一是以购买经历为基础和以购买情境、商店环境和产品种类为调节的消费者价格数量模型；二是探索性的消费者价格属性研究模型。在此基础之上，笔者建立了基于参考价格的消费者价格评价研究理论模型。

第4章对所提出的理论模型进行阐述，探讨了价格属性对消费者价格全面感知作用的机制，具体提出了价格属性对消费者价格全面感知的影响。认为，尽管消费者个体差异较大，但消费者价格感知的三重属性作用相似，消费者在价格廉价性、价格公平性和价格多样性三重属性之上进行价格感知，并根据其内在消费需求特征而在不同价格属性的价格评价方面有所侧重。另外，基于前人研究的基础上归纳了对消费者价格行为具有影响力的价格环境因素作用方式，分析了价格环境因素对消费者价格评价的影响特性。最后，依据理论的推导并结合消费者价格行为分析，提出了基于价格属性对消费者价格全面感知的影响和价格环境对消费者价格感知属性的影响的研究假设。

第5章和第6章分别对第4章构建的两个子模型相关的假设进行研究设计和实证检验。实证研究部分，首先对所选取的行业、测量变量、调查量表的来源、调查方式及方法等进行了说明，然后对预调研数据进行了初步分析。以此为基础，进行了移动通信行业的正式问卷调研，并对调研的描述性统计结果进行了说明。最后对各个子模型的理论框架进行实证分析，采用了 SPSS 15.0 与 AMOS 7.0 等工具软件，以及因子回归分析、因子函数方程和结构方程模型等数据分析方法对正式调查数据进行分析、讨论并验证相关假设。

通过理论分析和实证检验，本研究获得的主要研究结论如下：

第一，消费者价格全面感知可由价格廉价性、价格公平性和价格多样性共同表达。也就是说，消费者价格决策受购买廉价性与交易中所感知的价格公平性和价格多样性三方面价格感知属性调节。

第二，消费者价格感知属性之间存在相互影响。价格廉价性与价格公平性和价格多样性之间为负相关，而价格公平性与价格多样性之间为正相关。

第三，不同价格属性对消费者参考价格变动的影响方式不同。其中价格廉价性对消费者参考价格有负向影响，而消费者价格公平性和价格多样性可选择性地提高消费者的参考价格。

第四，价格属性对交易价格评价影响各异。研究表明，价格公平性和价格多样性对交易价格廉价性评价都有正向作用。而在交易价格公平性评价中，价格廉价性具有正向作用，价格多样性却起负向作用；另外，在交易价格多样性评价时，价格廉价性具有正向作用，价格公平性具有负向作用。

第五，研究建立了以价格属性因子方差贡献为权重的消费者价格全面感知模型。利用此模型，营销战略管理者可根据消费者价格行为特征进行目标式的市场策略管理。

第六，消费者的参与程度越高对其价格廉价性、公平性和多样性的感知影响也越大。

第七，消费者的价格感知经验越多对其价格廉价性、公平性和多样性的感知影响也越大。

第八，服务满意度对其价格属性感知影响未获证明，但笔者不认为消费者价格行为中满意度不具调节作用。

本研究的创新点主要有以下几个方面：

第一，立足消费者剩余理论、前景理论和心理账户理论建立了消费者价格全面感知属性中廉价性、公平性和多样性的辩证关系，并以实证研究探索了消费者价格感知属性的特性及价格环境因素对价格感知属性影响等消费者价格行为诸方面特征。通过此方面的研究，改善了消费者价格行为认知理论繁杂无序的状态，填补了价格环境外在影响与消费者内在行为特性关系的理论空白。

第二，消费者价格感知属性模型的建立弥补了当前消费者价格数量型模型市场应用面窄的不足，并以清晰的模型为企业管理者把握消费者价格行为特征提供价格属性层面的衡量尺度。由此，将理论界与实践工作者在消费者价格行为属性特征的认知由定性的感知，提高到对消费者价格属性的量化评价与管理层面。

第三，通过对消费者价格属性模型的研究，揭示了价格属性维度间相互关系及其对消费者价格全面感知的影响，为市场营销管理提供了理论方向。

第四，本研究在前人研究之上，结合对消费者价格感知属性模型的研究而更进一步考察价格环境对消费者价格评价的影响，从而阐明了价格环境因素与消费者价格属性模型间的关系，进而解决了前期价格环境因素的研究因集中于价格环境对消费者具体决策行为的影响，无力为管理者提供辨认市场策略对消费者影响程度的这一难题。因此，价格环境对消费者价格感知属性影响特性的成果应用有利于整合营销战略中定价与促销策略，为建立高效营销机制服务。

目 录

第 1 章   绪   论

1.1   研究背景与意义

1.1.1   研究背景

价格自出现以来就在人类经济活动中扮演着极其重要的角色,并对人们的经济行为施以重大影响。在经济学的语言中,价格是为获得所期望的某些东西而必须牺牲的货币量。也就是说,价格是给定数量的商品和服务与为获得它们所支付的货币(或商品和服务)量的比。为深入理解价格及其与消费者行为间的关系,各国学者,特别是国外学者围绕着消费者价格行为展开了大量的研究,并取得了丰硕的成果。综观国外价格行为研究的进程,虽始于经济学,但在长期的发展过程中,不断吸收心理学等其他学科的成果,使其成为当今一个多学科交融的研究领域。

完全信息假设是西方古典经济学理论构建的一个重要假设前提,根据这一假设,消费者在购买商品时已掌握了关于该商品的价格、质量和性能等各种信息,所以消费者的购买决策是基于商品的实际价格和商品所能给自己带来的效用而做出的。但这一假设在实际中并不成立,消费者一般都不具有完全信息,消费者对价格的主观感受在很大程度上影响着他的购买决策。因此,一些西方学者对古典经济学提出了挑战,开始研究消费者对价格的主观感知以及这种感知是如何影响消费者的购买决策,以期为企业制定价格策略提供更富实际意义的指导。这些研究目前已经发展成为定价研究领域的一个重要分支,这就是消费者价格行为学。

在消费者价格行为研究中,最核心的内容就是消费者如何对商品售价进行主观判断。众多研究表明,消费者在评价某一商品的价格吸引力时,并不仅仅依据该商品的绝对价格,而是将商品的实际售价与内心的价格标准进行比较,比较的结果决定着商品感知价格的高低，并进而影响到消费者购买决策的价格标准，这个标准被学者们称为参考价格（Reference Price）。各国学者对参考价格有着不同的认识，如塞勒（Thaler，1985）把它定义为公平价格，比斯沃斯等人（Biswas et al.，1991）认为参考价格是市场最低价格、最低可接受价格、最常见的价格以及期望的将来市场价格，而阿雷纳姆等人（Alyanaram et al.，1999）则把参考价格解释为是顾客最近几次购买价格的加权平均。总的说来，在学者们的定义中最常用的一种参考价格定义是当消费者走进商店时，他所预期的为购买某种商品愿意支付的价格。

随着实证研究的增强和理论认识的深入，门罗等人（Monore et al.，1986）提出，可以将顾客参考价格看作是一个价格范围，而不是一个价格点，这一范围是由最低可接受价格、平均价格、最高价格这三个点来界定。但对于价格范围的界定，学者们意见也不完全一致。

参考价格这一概念属于消费者的主观范畴，不少心理学理论都被用来为参考价格提供理论支撑，其中研究者们运用最广泛的原理是赫尔森（Helson，1964）的适应水平理论（Adaptation-Level Theory）。根据这一理论，顾客过去所接受到的价格刺激会在他心目中形成一个适应水平，这个适应水平实际上就是参考价格，接受到新的价格信息刺激后，顾客会将这一新价格与个人内心的参考价格相比较，根据比较的结果来形成对新价格的评价，某一价格在多大程度上被接受取决于它与消费者心目中的参考价格的对比结果。有些学者对此持不同意见，尼舍夫斯基（Janiszewski，1999）认为，人们在评价某个价格的吸引力时，所使用的评价标准并不是一个单一的价格点，而是一个价格范围。于是范围理论（Range Theory）被用来解释消费者的价格感知，按照这一理论，人们使用记忆中过去所经历过的价格形成一个有上下值的价格期望范围，对某个市场价格吸引力的评价与该价格在这个价格期望范围中的相对位置有关。还有些学者认为，范围理论不尽完善，消费者内心的价格标准，不仅与过去所遇到的价格高低有关，还与某个价格出现的频率有关，出现频率越高的价格，对消费者的影响越大。因此，消费者内部参考价格的形成应当用帕尔杜奇（Parducci，1976）的范围频率理论（Range-Frequency Theory）来加以解释。

除了上述理论以外，另一个从态度研究中发展出来的同化对比理论（Assimilation-Contrast Theory）也被广泛地用于解释消费者如何看待与处理所遇到的各种价格，迪德里克（Niedrich，2001）依据这一理论，认为消费者心目中的价格范围实际上就是一个可接受的价格区域，当他看到一件商品的价格落在这个区域内时，这个价格就被同化进这一范围并被接受。如果价格超出了这个区域，那这个价格就会被用来与可接受的价格范围进行对比，通常消费者会认为这个价格并不可信或是不可接受的。卡尼曼（Kahneman）和特维尔斯基（Tverskey）提出用前景理论（Prospect Theory）来解释当消费者所遇到的价格与内心的参考价格不一致时如何反应，前景理论提出了一个价值函数，按照这一理论，人们对交易价值的评价是根据他们对交易所带来的未来福利状况的预期，而不是按交易的实际金额来衡量，消费者把未来决策的结果（称为预期）与参考点（即参考价格）相比较而得到两种评价：收益或损失。

随后，康乃尔大学心理学教授塞勒（Thaler，1985）在前景理论的基础上，正式提出心理账户理论（Mental Accounting Theory），所谓心理账户就是人们在心理无意识地把财富划归不同的账户进行管理，不同的心理账户有不同的记账方式和心理运算规则，并认为心理运算规则符合价值函数（value function）在组合情况下的收益或损失。心理账户理论所揭示的消费者行为决策本质，更进一步指导了厂商的定价策略，如捆绑销售的定价涉及标价方式与折扣分配等多样性定价策略，可以有效地提高消费者评价，实现预期的销售目标。

1.1.2 研究意义

1.1.2.1 理论研究意义

顾客对价格、质量和价值的感知被认为对顾客购买行为和产品选择有决定性影响。在过去的十年里，营销研究一直关注于这些概念以及它们之间的联系，因为它们在新的、竞争加剧的市场环境中起到了决定性的作用（Woodruff，1997）。虽然近期的文献在这方面已经做了一定的工作，分清了这些概念的含义（Zeithaml，1988; Woodruff，1997），并且改进了测度程序，但结论仍带有一定的争议性，特别是价格概念及其在购买行为中的运用等相关领域还有待进一步研究。

目前，价格概念及其在购买行为中的运用方面的研究对价格的界定还相当模糊，可以概括为以下两方面。第一，虽然价格被认为是价值构成的单一维度，但仔细看一下消费者从产品中所获取效用的不同分配，以及对评价判断的公平感感知就会发现价格比看起来还要复杂，并且以很多不同的方式影响着全面评估。因此，许多细微的不同导致了价格概念的多维属性。第二，在价值感知和全面价值的关系之间形成了一些不同的价值测度程序。在这点上，随着理论上的争论对建立在线性和对称性关系基础上的质疑也产生了，其目标对准了包含价值属性感知和全面价值评价复杂关系假设的新价值函数。帕杜拉·乔凡那

（Padula Giovanna）等人[1]在此方面进行了有益的探索，并通过实验验证了价格作为价值的一个多维因素的理论基础和价格属性感知与全面价格评价之间的关系。但是价格作为衡量价值的一个重要因素，现在的研究显然还面临许多的未知，如价格多维属性间的相互关系及其对消费者价格行为的影响等方面的研究，因此检验这些有关价值研究的发现对扩展关于价格的认识将是非常有价值的。

1.1.2.2　实践研究意义

虽然西方学者已经在这一领域开展了大量的研究，但依然存在着很多未知领域，如消费者所接触到的价格中哪些会对参考价格的形成产生影响，是否不同的细分市场和不同的消费情境下的参考价格有所不同；外部参考价格到底是如何影响消费者决策的；不同的定价策略和价格促销方式对消费者参考价格的影响是什么；企业如何对消费者的参考价格进行间接管理，以使它有利于产品的销售和利润增长等，这些问题都需要进一步研究。此外，毫无疑问，参考价格的研究对于我国企业定价实践有着很强的指导意义，西方的相关研究结论是否能在我国市场环境下成立，我国消费者参考价格的形成、更新与利用有无独特之处，我国企业常用的一些价格策略能否正面影响消费者的价格感知等问题都需要我国学者开展研究来回答。

对于企业而言，关于参考价格的研究在产品定价与价格促销方面都有着很大的应用价值。尽管目前参考价格尚不能成为清晰评估企业层面利润最大化的工具，然而当消费者的需求函数包括参考价格时，所建立的企业价格—利益分析模型更有利于企业的利润改善与提高。如格林利夫（Greenleaf, 1995）揭示了零售商如何开发一个从每个效用中获取最大利润的最优重复促销战略。因此企业在制定产品价格和价格促销策略时，一定要慎重考虑策略出台后可能给顾客参考价格及价格感知所带来的影响。比如，开展价格促销时，如果没有考虑到参考价格效应，通过精心设计促销的方式、价格信息表述形式、促销的幅度和频率等来正面影响参考价格的话，很可能会造成顾客参考价格下降、价格敏感度上升的不利局面，迫使企业陷入不断降价的困局。企业只有以顾客为导向，深入研究顾客的内部参考价格及价格感知心理，了解不同的价格策略和促销策略如何影响消费者的价格感知，据此合理地设计定价和促销策略，对顾客的参考价格进行间接管理，才能有利于企业的长期发展。

---

[1] Padula Giovanna and Busacca Bruno, The Asymmetric Impact of Price-Attribute Performance on Overall Evaluation, International Journal of Service Industry Management, 2005, 16(1), 28-54.

1.2 基本概念及研究视角的界定

1.2.1 基本概念的界定

在基于参考价格的消费者价格评价研究中,研究者们从不同的角度对消费者行为价格领域的有关概念进行阐述。依据本研究的情境,对相关的基本概念进行如下界定。

(1) 参考价格,是指当消费者接触产品信息时,所联想的任何价格。

(2) 价格廉价性,是指购买者基于自我利益最大,并于可接受价格下获取效用最大时价格的感知。

(3) 价格公平性,根据社会学双重关注理论,消费者在交易过程中关注自我利益同时关注社会利益。因此,消费者所感知的价格公平性,既是自我利益基础上可接受的价格,也是在社会公平规则基础上所推断的价格。

(4) 价格多样性,表现为从某一产品获得的效用不仅因顾客的不同而各异,而且还因某个顾客对某一产品的不同购买而各异。价格多样性意味着在相同的买者与卖者的关系下选择不同的价格方案,为了适应不同顾客的需求而调整不同价格选择,使价格具有差异性。

(5) 参与程度,一般被认为是消费者在问题处理过程中解决问题的行为参与程度。

(6) 价格感知经验,意味着消费者在贯彻一个复杂购买分析过程时所积累的认知与能力。

(7) 满意度,是指消费者对自己在某个服务企业的消费经历的满意程度。消费者的满意度对厂商提供的商品价值感知具有重要的调节作用。对满意的衡量选择了两个层面,一个是作为具体业务方案满意的衡量,另一个是作为总体的顾客满意。

1.2.2 研究视角的界定

在对基于参考价格的消费者价格评价展开全面研究之前,有必要对研究视角进行界定。消费者价格行为是一个多角度的研究领域,其中主要涉及消费者价格感知与评价、价格环境对消费者决策行为的影响及消费者价值感知等几个方面,不同的研究视角所应用的研究理论与方法可以促进消费者价格行为学的全面发展。

1.2.2.1　消费者价格感知与评价视角

价格研究一直是消费者价格行为研究的核心之一。自 1738 年丹尼尔·伯努利(Daniel Bernoulli)试图给圣彼得堡(St. Petersburg)悖论提供一个解决办法伊始,消费者价格行为研究领域就已经诞生出了又一个全新的价格研究新枝——消费者行为价格研究,并快速成长为消费者价格研究的重中之重。消费者行为价格研究主要集中于消费者购买决策过程中价格的感知与评价,特别是消费者价格认知过程中价格信息的交换特征和参考价格下的消费者收益与损失的运算方式等方面。

在中外经济学者的研究中,消费者行为价格理论与实践研究获得了耀眼的成果。消费者行为价格理论成果中最为突出的有:马歇尔的消费者剩余理论、卡尼曼和特维尔斯基的前景理论以及塞勒的心理账户理论等。消费者剩余理论首次阐述了消费者获得价值的运算方式,指出消费者获得价值受边际效应递减原则支配;前景理论,揭示了消费者在复杂的购买决策过程中化繁为简的直观推断思维方式,展现了现代消费者的非理性“经济人”活动所暗含的独特“收益分散,损失合并”逻辑轨迹;而心理账户理论,更进一步尝试了对消费者的差异性解释,表明消费者无意识地把财富划归不同的心理账户进行管理,并且为不同的心理账户设置了记账方式和心理运算规则。

与此同时,消费者行为价格实践研究也表现非凡,如学者们在参考价格的建立过程与消费者对参考价格的利用方式研究中建立了广泛的数量模型以考核参考价格在消费者交易中的指导特性。消费者价格模型研究分成两个分支,一个分支为,根据消费者参考价格信息构成及其调节因素,如以往购买经历、购买情境、商店环境和产品种类等方面,构建数量模型;另一个分支为,根据消费者感知的价格维度,基于价格属性而建立的价格属性模型。目前,消费者价格模型研究以其对消费者价格行为评价的重要性而获得广泛的关注,其中对消费者价格的数量模型讨论最为激烈。基于消费者行为极大多样性和消费者行为个性差异,数量模型研究成果应用面相对较窄。因此,国际上少数学者开始尝试从更高层次,即价格感知属性方面进行消费者价格模型的研究,以期突破消费者价格数量模型应用中一城一池的限制,从宏观上把握消费者的价格感知形态。不过,消费者价格属性模型研究刚刚起步,更待于日后研究的深入挖掘,但有理由相信,此方面的研究必将使消费者价格行为研究与认识提高到一个崭新的境界。

1.2.2.2 价格环境对消费者决策行为的影响研究视角

消费者价格行为研究的另一重要应用研究分支为，从价格环境对消费者决策行为的影响视角评价环境因素对消费者的影响及反馈。随着商品社会的发展，消费者所面对的消费环境日趋复杂。在此情境下，消费者如何辨识商品的价值与选择合适的价格决策变得更加困难。同时，厂商也急需廓清消费者受何种环境因素影响较大及环境因素对消费者价格行为的作用方式如何等方面的认知，因为对环境因素的清楚理解有助于厂商精确锁定目标客户，提高产品营销效益。

影响消费者价格决策行为的价格环境因素涉及面较广，包括广告、促销策略、购销环境、价格设置环境、厂商后续服务及消费者自身的交易参与度，等等。这方面的研究大多采用市场调查法与人员访谈法相结合的方法。一般先确定要研究的细分市场或行业部门，选择相关行业的企业、顾客代表和供应商代表进行详细的面对面访谈。在进行深度访谈或广泛的调研以后，研究人员要初步识别影响顾客价值的若干驱动因素。随后研究人员对所识别的价格环境因素进行内容效度的检验，通过理论、实证及文献分析来确保各因素变量的重要性及完整性，再通过目标顾客预调查来修正调查问卷以保证它们符合效度原则。然后，在目标市场上随机选取顾客进行问卷调查，问卷一般采用七分制量表。问卷回收后对有效样本的数据进行信度和效度检验，根据不同的研究目的可采用不同的统计方法，最后评选出对消费者价格行为影响较大的因素。

1.2.2.3 消费者价值感知视角

自 20 世纪 90 年代以来，消费者感知价值（customer perceived value）及其驱动因素的相关研究越来越成为国外学者与企业家共同关注的焦点，这正是企业不断追求竞争优势的合理与必然结果。迈克尔·波特（Michael E. Porter, 1985）曾在《竞争优势》一书中开宗明义："竞争优势归根结底产生于企业能为顾客创造的价值。"伍德拉夫（Woodruff, 1997）也指出："消费者感知价值是下一个竞争优势的源泉。"企业为顾客提供优异价值的能力被视为是 90 年代最成功的竞争战略之一。

消费者价值感知视角研究，主要探索和分析商品交易中消费者价值的获取与表达，研究热点集中于消费者感知价值的驱动因素。期望通过揭示驱动消费者感知价值的关键因素，使企业有的放矢地构建竞争优势。因此，消费者感知价值驱动因素研究越来越受到西方学者和科研机构的重视。消费者感知价值构造复杂、内容丰富，当前的研究主要围绕以下三方面展开。

（1）感知价值概念的研究发展。现有研究使用的概念不同，导致结论不同。

如果研究人员对感知收益和损失的理解存在差异，那么就有可能识别出截然不同的驱动因素。比如，消费者感知价值一维论者往往只注重分析收益因素。即使认为消费者感知价值是二维的学者，也可能因定义不同而具有不同的研究侧重点。如对损失因素的识别，有学者认为损失仅仅包含产品或服务的货币价格，而实际上价格因素还包括一些非货币成本——心理成本，并且可以再进一步细分。

（2）价值感知主体分类研究。价值感知主体不同（如下游产业的采购商、经销商、消费者），其感知价值的具体内容也不同。不同感知主体对同一产品的价值感知也可能是不同的。现有研究在此方面深入较少，仅有部分研究关注B2B 市场上的企业客户，但尚没有涉及最终消费者研究。

（3）消费者感知价值系统性研究的发展。理论系统性要求在研究中考虑驱动因素的动态性特征。消费者感知价值具有动态性，在不同的消费阶段，对价值的感知和所关注的因素是不同的。在从第一次购买到成为短期顾客再成为长期顾客的转变过程中，他们的价值判断标准可能会变得越来越全面、抽象。也就是说，顾客在整个顾客活动周期的不同阶段会对价值采取不同的评判标准，在购买、使用和使用后的不同阶段，顾客的关注焦点会发生变化。动态考察顾客感知价值的驱动因素也是价值研究的另一热点。

1.2.2.4　基于参考价格的消费者价格评价视角的建立

本研究的视角是基于参考价格的消费者价格评价，目标为通过对消费者价格评价建立消费者价格属性基础上的消费者价格模型，同时在前人工作的基础上考核消费者参与程度、价格感知经验及满意度对价格评价的影响特性。

本研究从此角度进行研究，主要因为：

（1）消费者价格模型研究对认识消费者价格行为极具指导意义，而目前消费者价格模型多为价格数量模型，其模型应用面较窄，同时难以更清晰地表达消费者对价格的认知与使用过程。而从价格属性上进行消费者价格模型研究则有利于促进此方面的理解。

（2）当前消费者价格属性模型的研究起步不久，此领域尚存诸多的未知，如价格属性维度的科学性与价格多维属性间的相互关系及其对消费者价格行为的影响等，因此检验这些有关价格属性的研究有助于扩展对价格的认识。

（3）前期价格环境因素的研究多集中于价格环境对消费者决策行为的影响，而价格环境对消费者价格特性的评价方面的研究较少。因此，更进一步地研究价格环境对消费者价格评价的影响，可以沟通价格环境因素与消费者价格属性模型间的关系，也就是说，此方面研究的深入有利于整合营销战略中定价与促销策略，建立高效营销机制。

　　总而言之，笔者认为全面地理解消费者价格评价机理，建立价格属性基础上的消费者价格模型，并对价格属性维度间的相关关系以及价格环境因素对价格评价进行细致地研究有利于提升对消费者价格行为的认识和辅助企业营销战略的制定与开展。

1.2.3　适用行业界定

　　有商品必有交易，有交易必有市场，有市场必有价格。消费者与价格是市场中的核心元素。根据消费者购买目的和用途的差异，市场可分为组织市场和消费者市场两大类。组织市场是指以组织为购买单位的购买者所构成的市场，消费者市场是个人或家庭为了生活消费而购买产品和服务的市场。消费者市场也称为最终产品市场，组织市场也称为中间商市场。本研究选题主要针对消费者市场中消费者个人对价格的全面感知而进行的研究工作。

　　由于消费者价值的双重特性，即商品的获取价值与交易价值，导致消费者价格感知维度在多层次皆有所体现。传统的消费者价格研究侧重于从价格的廉价角度去衡量消费者价值，简单地以获取价值代替消费者全面价值，致使单一价格维度的价值衡量模型无法解析现代消费者的价格行为。从文献检索结果来看，国内外的消费者价格属性的探索研究逐步扩展了消费者的价格评价维度，将价格维度逐步延伸至多角度来全面评价消费者价值。这些研究目前大多集中于日用消费品与服务性行业，特别是零售业、金融、电信等。这可能因为日用消费品与服务性行业同消费者关联更紧密，消费者更有可能从个人角度购买，并从交易过程中逐步构建自身价格感知与评价特性。

　　综合以上分析，本研究将适用的范围界定为：与消费者密切相关的日用消费品与服务性行业的最终顾客。

1.3　研究思路与方法

1.3.1　研究思路

　　消费者价格全面感知评价的目的是为了全面认识消费者价格行为，并揭示价格属性层面上消费者的价格感知方式，以期增强营销战略中定价与促销策略适用的针对性。消费者价格行为的认知重要性已经得到理论界与实践界的广泛认可。近年来，价格与消费者行为间关系的复杂性也受到了众多学科的瞩目，其中不仅包含了管理学，也包括了心理学、社会学等学科。同时在多学科的交融下，得以从更完整的角度对消费者价格行为进行诠释与研究。当前，消费者价格模型有很多，不同研究视角下，研究者们对消费者价格行为的解释也各不相同，其中消费者价格数量模型，因为是基于消费者对各种具体价格下建立的模型，所以仅对特定环境下消费者价格行为具有指导意义，缺乏适应性。基于以上分析，本研究着眼于在参考价格基础上对消费者价格属性进行全面评价，试图弥补以往研究中对消费者价格属性层面认识的不足。同时，为了更深入地挖掘消费者价格行为的现实驱动因素，阐述了价格环境因素对消费者价格评价的影响方式。在消费者行为理论等诸多相关领域研究成果的基础上，通过逻辑推理，推导出基于参考价格的消费者价格评价理论模型，并通过实证研究进行了检验。

该体系的理论逻辑是，消费者价格属性具有多重角度，价格环境因素通过对消费者价格评价的影响而最终作用于消费者价格的全面感知。通过相关文献回顾以及前面的理论基础与模型研究现状，在消费者剩余理论、前景理论和心理账户理论的基础上，提出了基于参考价格的消费者价格评价模型。该模型以消费者剩余理论评价商品的获取价值，将商品的交易价值一分为二，首先以前景理论评价价格公平性，然后以心理账户理论评价价格多样性。通过逻辑分析，把价格环境因素作为价格属性评价调节因素进行考察。

模型框架包括了三个层次，第一层次是消费者价格全面感知作为结果变量表达消费者价格全面评价，第二层次是价格属性作为消费者价格评价的自变量，第三层次是影响价格感知属性的价格环境因素变量。本研究采用了因子分析、因子回归与得分模型以及结构方程模型等分析方法分别对研究假设进行了验证。

因此，该框架能够比较全面地反映消费者价格评价结构中价格属性与行为特性的紧密关系。通过各层次的不同评价进行消费者价格评价的内在规律探讨，能够帮助营销经理们在定价实践中更好地策划价格战略与实施价格管理。

1.3.2 研究方法

本研究从多个学科和领域对消费者价格评价进行探索性分析，主要采用文献梳理、规范分析等方法，力求实现定性分析与定量分析的结合。文献研究和规范分析为本研究引出问题、认识问题、理解问题奠定了坚实的基础，而翔实的定量研究则为进一步剖析消费者价格评价过程的认知提供了依据和思路。

（1）文献梳理与规范分析。目前，国内外对价格属性层面上的消费者价格评价研究仍不成熟，笔者针对消费者价格属性、消费者行为价格的运算特征及价格环境对消费者价格行为的影响等问题查阅了大量的国内外文献，积累了不少前人研究的相关成果。这些成果不仅为本研究提供了理论基础，而且在研究方法上也具有重要的启示作用。由于消费者价格行为与社会环境及文化风俗习惯等有着很强的关联性，因此在参考前人研究的基础上，结合我国的社会文化特点和消费者行为特性，提出基于参考价格的消费者价格评价视角下消费者价格属性模型的基本理论框架，并对消费者价格全面感知过程中的价格评价及价格环境因素作用方式等进行一一剖析，以供我国企业在定价与促销策略制定中参考和借鉴。

（2）定性分析与定量分析。研究消费者价格评价就必须详细考察消费者价格评价与感知现状，才能取得最真实的研究资料，因此本研究首先分析整理国内外文献等二手资料。从定性入手，识别消费者价格属性理论与实践的成因和各类型价格环境因素的影响特征，考察基于参考价格的消费者价格评价视角下，消费者价格全面感知的评价体系，进而构建基于参考价格的消费者价格评价视角下的消费者价格属性模型框架。然后，参考相关理论和访谈结果提出各变量之间关系的一系列假设，采用李科特七点量表编制了调查问卷，并依据访谈结果对问卷作了进一步修改并最终确定问卷，然后针对选定的研究对象进行抽样问卷调查，收集数据并借助统计学方法对其中的关键问题进行分析。利用量化模型、软件工具揭示所研究问题的本质。实证研究主要由两部分组成，第一部分从消费者对价格评价出发，识别消费者价格属性的构成及其关系，并在此基础上建立价格属性对消费者价格全面感知模型；第二部分以价格环境因素作为变量，探讨其对消费者价格评价的影响方式。

1.4　研究范围、内容及结构

1.4.1　研究范围

通过前述适用行业界定，本研究适合于与消费者密切相关的日用消费品和服务性行业。因此，根据行业范围以及研究资源的限制，在本研究中，选择移动通信服务业作为研究背景。之所以选择该行业是基于：

移动通信是世界上最具有生机和吸引力的业务之一，同时也是一个在制定决策的各个维度中，先进的业务模型和创新性的营销战略能够被观察得到的相当年轻的行业，如观察市场大小、渗透方式以及发展速度，等等。

电信需求日趋多样化、个性化和多层次化，而价格战和用户普及率的不断提高等原因已经导致运营商的户均月收入值逐年降低，企业利润摊薄，这对于早已上市并越来越倚重资本市场融资的两个移动运营商来说，都是十分重要的警示信号。因此，随着电信竞争的加剧，电信运营商的核心竞争力将越来越依赖其服务竞争优势。如今，在积极扩大用户规模的同时，两大移动运营商也在不断寻找合适时机进行业务和服务创新，以增加利润增长点，增强差异化竞争优势以满足差异化消费者的需求。

1.4.2　研究的内容及结构

研究框架主要围绕价格属性构建了消费者价格全面感知与价格环境对消费者价格评价这两个主题。结构安排如图 1.1 所示，共包括七章。

第1章阐述了基于参考价格的消费者价格评价研究背景，提出了研究目的，并论述了本研究在理论与实践方面的意义。为了便于后面章节内容的阐述和分析，在第1章内容里，笔者介绍了价格廉价性、价格公平性、价格多样性、参与程度、价格感知经验及满意度等几个基本的概念。接着指出了研究思路与方法，研究范围、内容与框架，最后概括了创新之处。

第 2 章对相关文献进行综合评述，归纳了现有理论的研究依据、主要结论及存在的主要问题。首先从消费者价格行为的基本理论与应用研究入手，介绍和总结了当前消费者价格行为领域的主要理论发展与研究现状，对构成价格廉价性、价格公平性、价格多样性等三大价格属性成因理论框架有关的文献进行了综合评述；接着对消费者价格行为的应用研究进行了总结，分析与评述消费者价格行为决策研究的进展；最后对基于参考价格的消费者价格评价研究进行了评述，以此作为本研究开展的基础。

第 3 章在现有相关理论的基础上，构建了基于参考价格的消费者价格评价研究理论模型。首先分析了该模型的理论基础，然后从宏观和微观两个层面分析了该模型提出的理论依据，最后在以往相关研究的基础上提出了本研究的总体框架，并对框架的基本逻辑进行了简要说明。

第 4 章对所提出的理论模型进行阐述，探讨了价格属性对消费者价格全面感知的作用机制，提出价格属性对消费者价格全面感知的影响关系，以及价格环境因素对消费者价格评价的影响特性，并依据理论推导提出相关的研究假设。

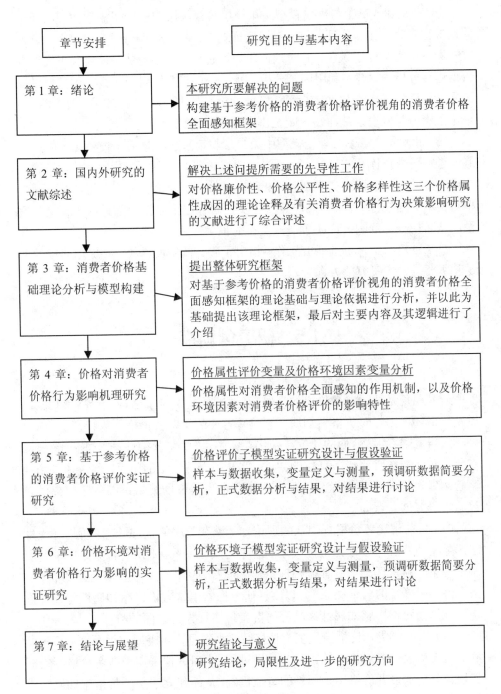

图 1.1　本书研究的内容与结构安排

　　第5章对第4章中与理论模型中第一层与第二层构建的子模型相关的理论假设进行研究设计和实证验证。对于实证选取的行业、调查量表的来源、调查方式和方法等进行了说明，并对预调研数据进行了初步分析，最后对正式调查数据进行分析与讨论。利用因子分析、因子回归分析与因子函数方程模型以及结构方程模型对样本数据进行了详细的分析与处理，实证研究结果全面支持该理论子模型与假设，从而在一定范围内证明了研究假设的正确性。

　　第6章对第4章中与理论模型中第二层与第三层构建的子模型相关的理论假设进行研究设计和实证验证。通过调研确定研究对象，进行数据收集，然后对模型中的变量加以定义和测量，利用因子分析、多元回归分析与结构方程模型对样本数据进行了详细分析与处理，实证研究结果支持此部分理论模型与假设，从而在一定范围内证明了研究假设的正确性。

　　第7章总结了本书的研究工作，指出了研究的主要结论，并提出研究的不足和需要进一步研究的方向。

1.5　研究创新点

　　研究视角是基于参考价格的消费者价格评价，探讨了消费者价格感知属性以及价格环境因素对价格感知属性影响等方面的消费者价格行为特征。从国内外相关研究来看，这方面的研究至今仍存在不足，亟待营销理论界进一步完善。本研究对此方面研究作了有益的尝试，弥补了一些理论的不足，促进了市场战略管理者对消费者价格行为的理论认知，也为其市场策略精细化定位提供建议。本研究创新点如下：

　　（1）目前消费者价格行为认知理论处于繁杂无序的状态，缺乏价格环境外在影响与消费者内在行为特性关系的理论与实证研究。本研究拟立足于消费者剩余理论、前景理论和心理账户理论建立消费者价格全面感知属性中廉价性、公平性和多样性的辩证关系，并以实证研究探索消费者价格感知属性特性及价格环境因素对价格感知属性影响等消费者价格行为诸方面的特征。

　　（2）当前消费者价格模型多为价格数量型模型，其模型应用面窄，且难以清晰地表达消费者对价格的认知与使用过程。本研究拟采用消费者价格行为框架理论分析消费者价格感知属性的特征机制，从而建立消费者价格感知属性模型，促进理论界与实践工作者在消费者价格行为属性特征全面理解上的提升。

（3）消费者价格属性模型的研究起步不久，诸多领域尚未有深入研究，如价格属性维度间相互关系及其对消费者价格全面感知的影响等。本研究将以实证研究的方式，检验这些价格属性间的关系特性，弥补目前研究中的不足。

（4）前期价格环境因素的研究多集中于价格环境对消费者决策行为的影响，加之价格感知属性基础上的消费者价格行为研究较少，因此在价格环境对消费者价格感知属性的影响评价方面的研究更少。本研究将在前人研究之上，结合对消费者价格感知属性模型的研究，更进一步考察价格环境对消费者价格评价的影响，从而沟通价格环境因素与消费者价格属性模型间的关系。因此，价格环境对消费者价格感知属性影响的深入研究有利于整合营销战略中定价与促销策略，为建立高效营销机制服务。

第 2 章　国内外研究的文献综述

文献综述的目的在于对参考价格理论与应用研究领域的概念性与经验性的研究文献进行回顾和梳理，指明进一步研究的方向和切入点。在本章中，回顾了国内外学术界对参考价格理论与应用研究的简况，并对与本研究密切相关的文献进行评述。通过参考价格理论与应用研究相关文献的回顾与总结评价，有助于加深对参考价格的理解，而与参考价格相关的价格评价研究的评述则为本研究的框架奠定了基础。

2.1　价格与消费者参考价格的基础理论研究综述

2.1.1　经济学理论发展与价格发现

消费者剩余是衡量消费者福利的重要指标，是经济学研究中常用的分析工具。所谓消费者剩余，是消费者消费一定数量的某种商品所愿意支付的最高价格与这种商品实际价格之间的差额。尽管对消费者剩余理论的争论一直不断，但它在经济学领域中的应用价值是有目共睹的。价格作为消费者剩余的获取杠杆，遂成为经济活动的中心，也成了微观经济学研究的灵魂。

1776 年，古典经济学之父——亚当·斯密，于《国富论》中开创性地将人性同历史理论结合起来，围绕着分工、价格和分配的分析与经济增长的性质细致地说明了农业、制造业、商业活动的特征。由此，经济学作为一个崭新的学科进入人们的视野。而价格则随着古典经济理论不断研究发展，成为了经济学研究最为活跃的主题词之一。

19 世纪中叶，以古诺为代表的经济学家，对需求规律的伟大发现再次带给经济学理论以时代的冲击，并揭开了新古典经济学理论思想的萌芽。在《财富理论的原理》中，古诺将需求规律描述为，如我们今天所理解的那样，需求量是价格的函数。需求量当然还与其他一系列变量相关联（收入、财富、其他因素等），但是当绘制某一个人的需求曲线时这些其他变量被假设不变。当决定需求的非价格因素中有一个发生变化时，整个需求曲线将会移动，这标志着需求的某种变化。当价格变化而其他决定因素保持不变时，将发生需求量的变化。新古典经济学研究中的价格发现，促进了经济学研究从定性向定量的转变。

　　到 1870 年，新古典经济学的基础已经在英国和欧洲大陆清晰地建立起来。这些卓越的贡献者为阿尔弗雷德·马歇尔（1842～1924 年）和莱昂·瓦尔拉斯（1834～1910 年）——现代新古典分析的一对孪生奠基人。而马歇尔正是新古典主义的杰出代表，特别是他对竞争均衡所进行的分析比他之前或以后的其他经济学家更深入详尽地回答了需求函数。

　　马歇尔在《经济学原理》中阐述需求规律为：销售量增大，为了使产品找到买者，它的价格就必定降低；换而言之，需求量随着价格下降而增加，随着价格上升而减少。然后，不像他的大多数前辈，马歇尔承认在人们能够画出需求曲线以前，必须给出一系列假设。马歇尔认为在估测价格与需求量之间的函数关系时所使用的其他条件不变的假设可以总结如下：

　　（1）调整的时间周期；

　　（2）主观嗜好、偏好和习惯；

　　（3）主体可支配的货币数量（收入或财富）；

　　（4）货币的购买力；

　　（5）价格和相竞争的商品范围。

　　需求分析核心为消费者剩余。马歇尔将消费者剩余概念发展为：一个人对一物所支付的价格绝对不能超过并且很少能达到他为得到此物而宁愿支付的价格，因此他从此物的购买中所得到的满足一般将超过他因支付它的价格而放弃的满足，这样他就从这种购买中得到了一种满足的剩余。

2.1.2　新古典消费者剩余理论的形成与发展

2.1.2.1　消费者的地位

2.1.2.1.1　消费是一切生产的唯一目的

　　在市场经济中，生产、分配、交换、消费共同构成完整的社会生产过程。生产的目的是消费，消费是人类社会延续和发展的必要条件。斯密说："消费是一切生产的唯一目的，而生产者的利益，只在能促进消费者的利益时，才应当加以注意。"马歇尔指出，"一切需要的最终调节者是消费者的需要"。在市场经济条件下，供给导向型经济转化为需求导向，而需求导向，首先是消费需求。

2.1.2.1.2　增加消费者剩余是市场经济的本质

社会经济行为主体分为生产者和消费者两类。消费者在社会经济生活中的地位是由现代社会分工体系引发并决定的。消费者权益是现代市场经济体制的内在要求和必然产物。豪斯曼（Hausman）认为，社会利益主要由消费者利益决定。从经济学意义上来说，保护消费者权益集中体现在增加消费者剩余方面。满足广大消费者的需要，增进他们的经济福利，是市场经济的根本要求。市场经济的本质是消费者主导的经济，这是因为：市场经济是人们的物质文化需要不断得到满足的经济，市场经济是消费需求导向型经济，市场经济是等价交换、平等竞争的经济。在市场经济中，消费者具有更大的发言权和影响力。

2.1.2.2　消费者剩余理论的提出

法国工程师朱尔斯·杜普伊（Jules Dupuit）在 1844 年率先提出了消费者剩余的观点，后来马歇尔将它正式称为"消费者剩余"。

2.1.2.2.1　杜普伊的主要观点

杜普伊的消费者剩余思想主要来源于他对当时公共部门融资问题的争论。他指出，可以用货币来测度总效用。在消费者愿意支付的价格和实际支付的价格之间的差，可以通过一种累进税的产品来测度，并称之为"效用的相关性"，它相当于后来马歇尔的"消费者剩余"。

2.1.2.2.2　对杜普伊消费者剩余理论的批评

博达斯（Bordas）认为，杜普伊提出的效用测度难以令人满意，因为它依赖于消费者的财富和替代品的价格。杜普伊在计算一种商品的效用时，未考虑其他商品是否受累进税的影响。他指出，在这两种不同情形下，效用测度结果相差较大。

2.1.2.2.3　杜普伊消费者剩余理论的继承和发展

弗莱明·詹金（Fleeming Jenkin）首先提出了贸易中生产者和消费者利润的观点，他分析了如何测度这些收益。他还首先讨论了生产者剩余问题，分析了如何计算因税收而造成的生产者和消费者的损失。

在 1889 年，鲁道夫·奥斯匹茨（Rudolph Auspitz）和理查德·李本（Richard Lieben）的研究再次使杜普伊的消费者剩余理论向前迈进一大步。奥斯匹茨和李本在消费者剩余理论中，首次清晰地表示了个人和集合概念。他们认为，细微的感情变化对消费者的选择是重要的，可以对这种细微的感情变化进行测度。他们也对消费者剩余进行了测度，并修正了效用的数量。

自杜普伊消费者剩余理论提出以来，消费者剩余理论在各国学者的研究下不断获得突破，但消费者剩余理论能在主流经济中占有一席之地，还应归功于马歇尔对消费者剩余理论的全面论述。

2.1.2.3　马歇尔的消费者剩余理论

1890 年，马歇尔在他的《经济学原理》一书中这样来表示消费者剩余的定义："他宁愿付出而不愿得不到此物的价格，超过它实际支付的价格的部分，是这种剩余满足的经济衡量。这个部分可称为消费者剩余。"如图 2.1 所示，以 OQ 代表商品数量，OP 代表商品价格，DD′代表需求曲线，则消费者购买 OQ′的商品时所获得的消费者剩余为三角形 DP′E 的面积。

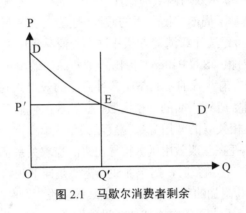

图 2.1　马歇尔消费者剩余

马歇尔所提出的消费者剩余概念揭示了这样一种经济现象：在我们以市场机制为基础所进行的交换活动中，对于某物品来说，消费者主观愿意支付的价格和实际支付的价格之间存在一个差额，马歇尔把这一价格差额看作是对这种剩余满足的经济衡量。那么，剩余的究竟是什么？从这个概念本身的字面意义来看，表现为两种价格之间的差额，似乎剩余的是价格，但这样理解是不正确的，也不符合马歇尔的思想原意，事实上马歇尔认为剩余的既不是价格，也不是货币。因为货币只是对这种剩余满足的经济衡量，并不是剩余本身。为了更加深入地理解这一概念，我们联系马歇尔对经济学的认识和看法，可以发现，在马歇尔看来，"经济学一方面是一门研究财富的科学；另一方面，也是研究人类在社会中的活动的社会科学的一部分，这一部分是研究人类满足欲望能用财富或它的一般代表物——货币——来衡量为限"。根据这一看法，在人类满足欲望的过程中，得到的和剩余的应该且只能是同一个东西，即剩余本身乃是效用，是从消费某物品中得到的主观上的享受、用处或满足。这一点可以从剩余产生的具体情况中反映出来。

2.1.2.4　对马歇尔的消费者剩余理论的争论

马歇尔的《经济学原理》第1版出版之后，招致了如潮涌一般的批评，大多数批评都与消费者剩余有关。对马歇尔消费者剩余理论的批评主要在以下几个方面：（1）附加的效用函数是否满足于解释消费者行为；（2）是否能将货币的边际效应假设为不变的；（3）一种商品的需求数量能否单独地当作它的价格函数；（4）进行个人之间的效用比较是否是可能的；（5）马歇尔消费者剩余中的测度方法。

2.1.2.4.1　对马歇尔效用函数的批评

由于马歇尔是基于局部均衡分析的假设，他的消费者剩余是由某一时间的一种商品决定的，而无法计算消费者从几种不同商品集中所获得的消费者剩余总额。1893年，帕藤（S.N.Patten）提出一种商品的效用不能与其他商品的效用分开来计算，因为消费者的福利是由各种商品的效用共同带来的。一种商品的效用是消费者消费所有商品的一个函数，各个部分不能简单地相加。他指出，马歇尔没有考虑互相关联的效用导致测度结果偏大。

1893年，帕累托在一般效用函数推导出来的需求关系基础上指出，当效用共同是所有商品的一个函数时，需求曲线不需要是向下倾斜的；当消费者剩余很小时，基于独立和附加的效用函数需求曲线的假设，需求曲线符合递减规律。

2.1.2.4.2　对货币边际效应连续性假设的批评

马歇尔将货币的边际效应假设为是连续的，这可能是他消费者剩余理论所有假设中最受争议的一个。无论是在马歇尔时代还是之后，对它的解释都各不相同。令人关注的是，1953年，米尔顿·弗里德曼（Milton Friedman）将马歇尔的需求曲线解释为是由单一的无差异曲线所得出的。虽然价格下降会使消费水平移至更高的无差异曲线，收入的补偿变化应该被当作是为了推导出马歇尔的需求曲线，使消费者保持在原来的无差异曲线。帕累托也研究了连续性假设与价格弹性之间的关系，对可以将货币边际效应当作不变的假设持否定态度。帕累托指出，如果一种商品的效用与其他商品的数量无关，货币边际效应不变意味着所有商品需求的价格弹性是连续的，但这是违背事实的。

2.1.2.4.3　对马歇尔需求函数的批评

瓦尔拉斯对消费者剩余理论的批评主要是直接针对局部均衡分析的假设。任何一种产品的销售数量的函数不仅是它自己的价格，而且与其他产品的价格和所有生产性服务的价格相关联。因此，瓦尔拉斯认为，需求函数并不能完全代表总效用，也不能用来测度消费者剩余。1894年，巴龙（Barone）证明，在瓦尔拉斯体系内不仅能够决定一个人的消费者剩余，而且它能与马歇尔的需求函数共存。如果销售和购买在相同的价格上集中发生，马歇尔的解与瓦尔拉斯的一样，都能增加消费者剩余。巴龙指出，这两种测度只有微小的差别。

2.1.2.4.4　对个人之间的效用比较假设的批评

早在 1879 年，马歇尔就已经提出了测度消费者剩余的各项指标。在《经济学原理》中，马歇尔进一步分析了在不同情况下三种个人之间的效用比较，讨论了经济福利可能得到改良的三种情形：（1）当将收入从富人重新分配到穷人时；（2）在报酬递增的条件下，生产一种商品时；（3）当多种（稳定的）均衡存在时。马歇尔认为，个人之间的比较可以用货币来测度。当时就有学者对马歇尔提出的个人之间效用比较持不同意见。他们认为，对两个不同的人从支出中得到的满意度进行比较是不可能的。因此，他们强烈地批判了马歇尔的消费者剩余。

2.1.2.4.5　对消费者剩余测度的争论

令经济学家困惑的是，用不同的方法来测度消费者剩余，会得出不同大小的消费者剩余。杜普伊首先提出了对福利变化的测度，并推导出了所需要的条件（主要是收入边际效应不变）。马歇尔假设了这个条件，如果它成立，补偿需求曲线的左边区域正好是补偿变化和等值变化的测度。

希克斯指出，在消费者剩余分析中，不需要马歇尔假设的可测度的基数效用。他在《四种消费者剩余》一文中指出，当一种商品的价格变化时，可以用四种不同的测度方法来计算价格变化对消费者获利（或损失）的影响。在许多情况下，可以忽略这四种测度之间的差异，它们中任何一种测度都能用马歇尔测度来代替。因为马歇尔测度的准确性处于这四种精确测度的中间水平，因此，当可以忽略它们之间的差异时，马歇尔测度与这四种测度是一致的。对大多数情况而言，马歇尔的消费者剩余与实际剩余是十分近似的。但是，如果要非常精确地测度各种消费者剩余，那么就要弄清楚各种测度之间的关系。罗伯特·威利格（Robert Willig）尝试建立标准，来决定消费者剩余可能合理地近似等值和补偿变化。他证明，马歇尔的消费者剩余常常近似于希克斯的消费者剩余，近似差异比在估计需求曲线方面的差异更少。

豪斯曼（Hausman）认为，以希克斯的福利测度为基础，能够从经验地估计需求供给曲线来精确地测度。通过福利损失的大量实证分析，他强调精确测度的重要性，认为精确测度与马歇尔测度之间的偏差是很大的。马歇尔测度没有提供非常弱的近似值。迪顿（Deaton）评价说，通过实证来分析这种测度，比马歇尔消费者剩余的测度要更精确。

2.1.2.5 消费者剩余理论应用趋势

自马歇尔提出了消费者剩余理论之后，这一理论在争论中不断发展。甚至有人认为，消费者剩余测度是没有必要的，或者认为"消费者剩余是错误的"。不过，不管如何看待消费者剩余理论，它已经广为流传，成为福利经济学中一个广泛应用的工具。相信在今后，不管如何争论，消费者剩余理论在实践中仍将继续得到应用。然而，也有人说，长期以来经济学家围绕消费者剩余理论进行争论，其主要原因是那些讨论政策的决策者需要消费者剩余测度。可是，政策在很大程度上是由于非经济因素而维持或改变的。不管经济学家是否喜欢它，政策决策者都想这样做。所以，消费者剩余理论的实践意义仍有待验证。

事实上，无论人们是否意识到，在现实的买卖行为中都存在两种价格。一种是由收入和偏好决定的消费者价格，另一种则是由市场供求关系决定的市场价格。前者遵循着边际效用递减规律，而后者则遵循着供求规律；前者之和体现了消费者获得的效用之和的总量（对同一物品的购买），后者则体现了消费为获得一定的效用总量所实际支付的货币总量。消费者价格与市场价格之差，就是体现消费者满足感或福利感的"消费者剩余"。在明白了消费者价格和市场价格之间的关系后，可以很容易地辨认虚假广告和不法商家雇佣"托"来欺诈的本质，即通过夸大商品的效用或人为制造紧缺感，提高消费者价格，从而增加购买者的"消费剩余感"，诱发人们的购买行为。

2.1.3 现代消费者参考价格的发展与消费决策理论研究进展

美国学者恩格尔（J.F.Engel）等人，根据购买决策过程所经历阶段的不同，将现代消费者购买决策分为三种类型，即扩展型决策、有限型决策和名义型决策。

扩展型决策，即当消费者对某类产品或对这类产品的具体品牌不熟悉，而且也未建立相应的产品与品牌评价标准，更没有将选择范围限定在少数几个品牌上，此时，消费者面临的就是扩展型决策。此种类型的决策，是一种较为复杂的购买决策，它一般是在消费者参与程度较高，品牌间差距程度比较大，而且消费者有较多时间进行斟酌的情况下所作的购买决策。

有限型决策，又称解决问题的决策，通常是指消费者对某一产品领域或该领域的各种品牌有了一定程度的了解，或者对产品和产品品牌的选择建立起了一些基本的评价标准，但没有建立起对某些特定品牌的偏好，因此还需要进一步搜集某些信息，以便在不同的品牌之间做出较为理想或满意的选择。当消费者认为备选品之间的差异不是很大，参与程度不是很高，解决问题的时间比较短时,消费者所面临的大多属于解决限定问题的决策。追求多样化的购买决策,以及在他人影响或在某种情绪影响下作的购买决策,很多可以划入有限型决策类型。

名义型决策,实际上就其本身而言并未涉及决策。某个消费问题被意识到以后,经内部信息搜集,消费者脑海里马上浮现出某个偏爱的产品或品牌,该产品或品牌随之被选择和购买。只有当被选产品不能像预期那样运行时,购买评价才会产生。这种类型的决策通常发生在购买参与程度低的情况下。名义型购买决策又可进一步分为两种类型,即忠诚型购买决策和习惯型购买决策。忠诚型购买决策是指消费者认定某一品牌较竞争品牌能更好地满足其需要,对该品牌形成了情感上的依赖,长期反复选择该品牌。习惯型决策和忠诚型决策在外在形式上表现出一致,即较长时期内重复选择某一品牌,然而与忠诚某一品牌时的情况不同,此时消费者重复选择某一品牌是他认定不同品牌其实没有实质性差异。

一般说来,扩展型购买决策和有限型购买决策均需经过认识需要、搜集信息、评价品牌、购买、购后评价五个阶段。名义型购买决策虽然很少涉及信息搜集和品牌评价,但在形成习惯或忠诚购买之前,消费者是不能跃过这两个阶段的。总之,无论哪种类型的消费者,在进行购买决策时,都涉及需求与价格的比较和分析,而这显然是消费者决策的直接动因。为更深入地理解这一动因,各国学者围绕消费者行为与价格进行了多方面的研究,形成了前景理论和心理账户理论等现代消费者参考价格理论的基本框架。

2.1.3.1　消费者对价格公平性的感知与前景理论的形成和发展

一旦涉及日常食品价格、汽油价格、处方药价格等各种消费品价格,公平性问题往往备受关注。当一个亚马逊公司的顾客发现同样数字激光视盘(DVD)的价格因购买场合的不同而各异时,企业的公关噩梦就开始了。诸多事实表明提供的价格和提供某价格的基本原理可以导致价格不公平性感知。价格不公平性感知可以产生对卖方的负面结果,包括买方舍弃交换关系、传播负面信息或从事其他有损卖方的行为(Campbell, 1999)。

当今,准确理解与合理预测可影响消费者决策行为的价格因素已成为各国经济学者和市场研究人员的研究热点。在各方研究人员的共同努力下,价格如何影响消费者决策进程得以逐步地清晰。其中价格公平性在消费者决策中显得尤为重要。实证研究已发现了引起感知价格不公平的原因和感知如何影响顾客的行为。伴随着价格公平性认知的深化与公平性理论的深入研究,研究人员在公平性理解的基础上推动了前景理论——消费者行为决策解读理论——发展。

2.1.3.1.1 价格公平性的概念及公平性判定的相关理论发展

1. 价格公平性的概念

以往，公平性被定义为一项产出和/或达到产出的过程是否是合理的、可接受的或公正的（Bolton, Warlop, and Alba, 2003）。该定义的认知方面涉及价格比较或过程标准、参考或基准的价格公平性判断。2004 年，夏兰（Xia Lan）、肯特·门罗（Monroe Kent B.）和考克斯·詹尼弗（L.Cox.Jennifer）将公平性的概念进一步发展如下：

第一，公平性和不公平性有着不同的结构。在一个没有澄清时，澄清另外一个是可能的（Finkel, 2001）。不公平性想法更加清晰、尖锐，同时比公平性想法有更多的关注。当人们看到或经历时，才知道什么是不公平，但是很难清楚地说明什么是公平。

第二，所有的价格评价，包括公平性评价，是可比较的。公平理论和分配公正理论意味着当个人把产出与他人的产出比较时，就会引起公平性感知。分配公正原理坚持个人与交换关系中的他人有权利获得与投入成比例的回报（Homans, 1961）。公平理论扩展了该观点，包括各种能够影响交换关系中感知公平性的可比较的其他方面（Adams, 1965）。事实上，社会比较过程对于大多数公正和产出满意理论都是重要的（Major and Testa, 1989）。在价格公平性情况下，与产出比较的是价格。当价格被认为与参考交易中的价格不同时，价格差异包含了不公平性感知。这种价格比较是必需的，但是对于价格不公平性的发生却不是充分的。

应该注意到价格比较可以是外在的，也可以是内在的。外在的比较，即人们把价格与另外价格或价格范围进行比较。例如，一个消费者可以声称，"我比另一个顾客支付得更多"，这就是两个价格点间的比较，或者"我比过去支付得多"，这则是价格点和价格范围的比较。然而，有些比较不一定如此明显。例如，年长的人会声称价格不公平，虽然该价格判断似乎是基于单一价格，但它是一个内在的比较，因为他们收入有限，他们有权利期望更低的价格。

价格比较使消费者产生了三种类型的判断：平等（equality）、有利的不平等（advantaged inequality）、不利的不平等（disadvantaged inequality）。价格平等的感知一般不会引发公平性感知，如果一旦引发，它会产生公平性感知。价格不公平感知能够产生价格不是公平价格情境下的或者价格不公平的判断。

第三，价格公平性判断是主观的，同时通常是从买方视角来研究的。所以，价格公平性判断因买方的利己主义倾向易于发生偏见。也就是说，与他人比起来，买方努力最大化他/她自身的产出（尝试支付较低价格）（Oliver and Swan，1989a）。因此，与有利的和不利的价格不公平相关的判断与感觉是不同的。所以，当不公平对买方有利时，比当不公平对买方不利时，感知的不公平较轻微。也就是说，当不公平对买方有利时，比当不公平对买方不利时，对于价格不公平的相同程度，我们期望观察感知不公平的较小程度（Ordóñez, Connolly, and Coughlan, 2000）。确实，马汀斯（Martins，1995）发现可比较的其他买方支付较少的感知公平效应比当可比较的其他买方支付较多的感知公平效应更强烈。

第四，以往研究关注于不公平感知的认知方面。情感是伴随价格公平或不公平认知的重要因素。当不公平对他/她有利时，买方会有不安或内疚感；或是不公平对他/她不利时，买方会有生气或愤怒的感觉。这些情感会随着不公平认知，或者先于这种认知发生（Campbell, 2004）。严重的不公平感知"一般与压力、热情、生气和愤怒同时发生，他们会付诸行动或索赔"（Finkel, 2001）。强烈的负面情感是从公平或不太公平中区分不公平的一个因素。

第五，一个不公平感知和潜在负面情感通常直接指向引起"不公平"情境感知的一方。对于价格不公平，感知和情感的目标通常是卖方。因此，当买方感知到价格不公平时，通常采取的行动是直指卖方，而非一个可比较的其他买方或者交易涉及的产品。

第六，公平与满意不同，尽管研究已经表明两概念高度相关，并且有时可以交换使用（Ordóñez, Connolly, and Couglan, 2000）。夏兰等人将价格公平定义为卖方价格和其他方的可比较价格差异（或缺乏差异）的消费者评价和相关情感是合理的、可接受的或公正的。

2. 影响价格公平性感知的因素

各种因素可以影响不公平价格感知，这些潜在因素可总结为四个方面，这些因素在相关性和对某个可比较交易直接性方面有所不同。

第一，详细说明比较交易情境的变量。价格比较，无论是内在的还是外在的，都是必需的，但不是价格公平性感知发生的充分条件。虽然分配公正和公平理论使用买方和卖方的投入产出比率进行比较，但是消费者通常并不知道卖方的成本结构或其他决定卖方准确投入的关键信息（Bolton, Warlop, and Alba, 2003）。因此，价格公平性判断最可能基于涉及不同交易方可比较交易的基础上。当感知的价格差异发生时，交易间的相似性程度是价格公平性判断的一个重要因素。此外，一个公平性判断也依赖于交易涉及的可比较各方。

第二，除了建立价格公平性判断相关情境的信息外，程序公正理论、公平理论、双重权力原则都指出提供设定某个价格的信息会影响价格公平性感知。

以往研究已经表明这种信息可以包含产生观察价格的程序或过程。例如，价格提升可以由成本增加引发。此外，成本的类型和卖方是否对成本有所控制，会影响感知不公平性的程度。

第三，消费者会考虑不止一项交易，同时基于以往经验做出推断。例如，在重复交易中，消费者与卖方建立了良好的关系，当价格增加的原因未知时，他会认为该价格提升是有正当理由的。

第四，消费者也会依靠他们的知识或对卖方行为的看法来调整他们对价格公平性的判断。

影响因素的这四个方面在他们相应的范围内变化。交易相似性和可比较各方，设置一个直接的情境用来比较成本。成本—利润分配和消费者特征对于某项交易（如一个特殊价格的原因）都是不同的。然后，这种交易可以被视为一个更宽泛的基于重复交易的买卖双方关系。信任是买卖双方关系中的主要概念，它影响公平性感知。最后，在一个广阔的社会环境下，社会准则和消费者对于市场的知识也相应地影响着价格公平性判断。

3. 价格公平性判断的相关理论

（1）公平理论

公平性关注于分配活动中个体的付出和交换的结果。公平理论提出个体（他们之间存在着相似性）通过他们对一特定交换的付出与收益比率的比较，测量一个交换的公平性。如果交换各方得到了相同的收益或者比率，就会感知到公平；反之，不同的比率导致了不公平，收益少的那方会气愤，而收益多的那方会感觉惭愧。

一旦注意到交换中的不公平，就会采取行动使行为各方情绪舒缓，从而让交换关系向着更公平的方向进行。马汀斯（Martins，1995）概括了减少不公平性的下列四个关键方法：

①改变一方或者双方的投入和产出数量。例如，可可豆成本的增加导致一个糖果生产商提高了糖果的售价，然而它的竞争对手减少了糖果的数量，并且维持了最初的售价（Monroe，1990）。

②改变各方投入和/或产出感知的重要性或权重。例如，在采用产出管理（如航空业和旅馆业）的行业，不同价格感知到的不公平性可以通过增加交易的感知价值来减少（Kimes，1994）。如果消费者获得额外的产品或者服务，或者服务作为其中的一个部分（如周末时旅馆会有一些额外的服务，诸如提供甜点等），他们可以把感知到的较高价格看作更加合理。

③舍弃或者结束交换关系。一个感知的不公平通常会让消费者转到另外的

产品或者服务。然而，其他产品或者服务的转换成本（如需付出时间、金钱等）的存在导致对一般消费者来说，转换并不可行或值得去做。

④改变参照物。公平理论认为个体是基于与相似个体或者参照物的比较来进行公平性感知。当做比较时，个体会寻找在年龄、经济地位或职业发展与之相似的个体。当个体在某关系下经历了不公平，他会选择另外的个体作为参照物。

（2）程序公正理论（Procedural Justice Theory）

程序公正理论定义公平性为由社会准则和行为决定的一个过程（Thibaut and Walker，1975）。程序公正通常在客观层面和主观层面上讨论。客观程序公正属于"符合公正的正常标准，做出决定或者做决定的过程更加公平，如：减少一些明显的不能接受的偏见或成见"的过程（Lind and Tyler，1988）。主观过程公正关注于过程对在过程中涉及的公平判断的影响。例如，对于在芝加哥交通法庭上被告反应的研究表明正面结果并不总是让被告满意（Lind and Tyler，1988）。芝加哥法院对交通案件的传统地位使得因为去交通法庭而损失一天的工资是一个足够的惩罚，并且案件审理时没有旁听者。令人惊讶的是，在庭审时，即使判定结果是正面的，被告仍会不满，这意味着结果并没有满足过程公正的一般标准。

（3）双重权力原则与归因理论

①双重权力原则（Dual Entitlement Principle）

卡尼曼、奈茨克和塞勒（Kahneman，Knetsch，and Thaler，1986a，b）通过实证调查一系列企业定价决策情境中消费者的公平性评价，研究识别了消费者感知公平或不公平的境况。研究表明，与当前情境的一致程度越高，被调查的消费者越是认为公平；同时被认为不公平意味着制定公平价格，存在着社会标准。这些发现指出市场行为除了受新古典经济理论中理性人自身效用最大化假设影响外，也受目标影响。卡尼曼等人（Kahneman，Knetsch，and Thaler，1986b）提出双重权力原则，表明当价格提高（违背了参考价格）时，诸如企业提高利润（违背了参考利润），会导致不公平感知；但是当企业维持已有的利润水平，即使价格提高，消费者也会认为这是公平的。

双重权力原则表明消费者对参考价格存在一种认识（销售的价格和其他情况，通常是基于现状的基础之上），同时判断从参考价格上得到的对于一个变化的公平感知也与此类似。卡尼曼等人（Kahneman，Knetsch，and Thaler，1986b）认为当企业的定价行动违背参考价格，同时没有任何对外界进行维持企业参考利润的解释时，消费者就会感知到不公平。反观成本增加而呈现的价格提高，则会使消费者感到公平。

双重权力原则表明消费者对相关理论的推断（如由价格改变产生的利润，这与参考利润相关）是消费者如何评价价格增加公平性的一个因素。检验该问题的实证研究支持了推断的相关利润在公平性感知中的作用。当被测试人员感知到企业利润增加时，他们认为价格是不公平的；当被测试人员没有感知到企业利润增加时，他们认为价格是公平的（Franciosi et al., 1995; Kachelmeier, Limberg, and Schadewald, 1991）。然而，对于双重权力原则涉及的相关利润效应是否涵盖了导致价格不公平性感知的所有因素，仍旧没有定论。有证据表明一个价格变化可以是公正的，除了维持参考利润以外，也可以减轻不公平感知（Dickson and Kalapurakal, 1994; Kalapurakal, Dickson, and Urbany, 1990）。

②归因理论（Attribution Theory）

归因理论和相关的研究流派提供了推断事件为什么会发生的依据。该研究有助于理解消费者对于一个企业为什么在参考价格之上提高价格的推断。归因研究表明人们很可能对于发生的意外的或负面的事件寻找临时的解释（Folkes, 1988; Weiner, 1985）。一个非预期的价格提高对消费者来说是意外的和负面的，同时很可能导致消费者对企业提高价格的思考。这与卡尼曼等人（Kahneman, Knetsch, and Thaler，1986a, b）的观点一致，他们的研究表明当价格提高违背了参考交易时，就会考虑公平性。

归因研究发现对于一个行为或事件的特殊归因，以及引起的情感的和认知的反应，受意图或推断动机影响（Weiner，1992）。当负面动机产生时，行动者的感知责任增加，同时行为也会被认为具有进攻性或不公平性（Betancourt and Blair, 1992; Dodge and Cole, 1987; Fincham and Jaspars, 1980; Kidd and Utne, 1978; Weiner, 1995）。这种基于归因的研究表明负面动机的推断导致负面归因和反应。

相关研究也证实对于一种行为的辩护或解释影响公平性感知（Bies, 1986, 1987; Bies and Shapiro, 1987; Brockner and Greenberg, 1989; Fincham and Jaspers, 1980; Greenberg, 1988）。例如，提供一个负面结果解释时，此种情形比同样结果出现却没有任何解释时，被认为更加合理（Bies and Shapiro, 1988）。解释可以说明"负面的"（如虚假或操纵）动机增加了感知的不公平性（Greenberg and Ornstein, 1983）。

总之，从归因角度的研究指出了人们做出对于动机的推断，无论动机是正面的还是负面的，都会影响行为的感知。大量研究表明当价格提高时，推断动机的因素很可能提供了感知公平或不公平的洞察。如果消费者看到了价格的增加，并且把其归因为企业的负面动机，如企业利用激增的消费者需求，价格将会被感知为不公平；相反，如果价格被归因为一个正面的或善意的动机，如资助慈善事业或公正地分配一种稀缺产品，价格就会被感知为公平。

（4）规则公平原理（Rule-based Justice Theory）

规则公平原理认为消费者除利用他们对于市场的知识在包含多个维度交易空间上的一个集合层面判断公平性之外，如同博尔顿等人（Bolton, Warlop, and Alba, 2003）的观点，消费者对价格公平性的感知也来自经济比较和社会准则比较。经济交换的社会准则对于买方和卖方来说是可理解的行为规则，同时作为交换方行为的指导（Maxwell, 2002）。麦斯威尔（Maxwell[①]）指出实际上多数价格公平性判断来源于买方对于卖方如何决定价格和价格是否对于每个人都是可以承受的考虑，特别是诸如药物等必需品。所以，消费者也会依赖于他们对于交换准则的想法来做出价格公平性的判断。

此外，在诸如《消费者报道》等出版物上面更容易获取信息，消费者也能够从他们的购买经历中获得更多的信息。无论知识是否准确，都指导着消费者对公平性的判断（Bolton, Warlop, and Alba, 2003）。然而，公平性判定的经验与知识是随着时间发展的（Wright, 2002）。当很多人在不管最初行为原因的情况下，从事相同的行为时，一项准则得以发展（Opp, 1982）。相似地，正如双重权力原则所认为的，稳定性是准则。一项最初被认为不公平的实践可以慢慢地扩展，同时发展成为被多数人接受的新准则，它不太可能会被视为不公平（Kahneman, Knetsch, and Thaler, 1986b）。例如，航空业的动态定价被多数消费者接受，并且此定价方式也常常被视为是公平的（Kimes, 1994）。所以，价格或程序感知的不公平可以随着时间降低（Kachelmeier, Limberg, and Schadewald, 1991）。但是社会准则和消费者的一般知识何时以及怎么样影响价格公平性尚需进一步的研究考查。

2.1.3.1.2　消费者决策与前景理论的发展

人们在决策过程中，经常使用直观推断的方法将一些复杂的决策问题作一些简单的判断。卡尼曼（Kahneman）和特维尔斯基（Tversky）等人通过大量精心设计的社会学、心理学实验识别出这些经验规则的原理，发现以这些经验规则为主要特征的直观推断会产生严重的系统性错误和偏差。据此，他们提出了前景理论。

[①] Maxwell Sarah. Rule-Based Price Fairness and Its Effect on Willingness to Purchase, Journal of Economic Psychology, 2002, 23（2），191-212.

1. 前景理论的基本内容

自 20 世纪 70 年代以来,大量的实证研究充分展示了人的决策行为的复杂性,迫切需要新的理论分析指导人的行为决策。卡尼曼和特维尔斯基在此基础上结合自己大量的心理学实证研究于 1979 年正式提出了新的关于风险决策的前景理论。

前景理论的两大定律指出,人们在面临获得的时候规避风险,而在面临损失的时候偏爱风险,而损失和获得又是相对于参考点而言的,改变人们在评价事物时所使用的观点,可以改变人们对风险的态度。

按照新古典理论,人们在面对不确定性时,消费偏好必须满足冯·诺伊曼—摩根斯坦公理化体系的基本要求,即完备性、传递性、连续性和独立性等。但是卡尼曼和特维尔斯基的研究表明,在不确定性条件下,人们的偏好主要是由财富增量而非总量决定的,因而负消费(投资或博弈亏损)必须引入分析中。但在标准理论中不同的消费或财富安排是不会出现负值的。另外,效用函数对正的增量是凹的,对负的增量是凸的,这反映了人们在面临亏损时不是"风险厌恶"者,而是"风险追求"者。但是,在新古典模型中,效用函数曲线上所有点都是凹的。再有,投资者(博弈参与者)的预期效用函数不是概率的直接加权,而是将概率转化为一种权重函数,该权重函数具有"确定性效应",即客观上具有较大发生概率的事件被赋予更高的权重,反之客观上具有较小发生概率的事件被赋予较小的权重。而"确定性效应"导致了权重函数的非线性。

2. 前景理论与个人风险决策过程

前景理论认为人的决策过程分为两个阶段:编辑阶段和估值阶段。随机事件的发生以及人对事件结果及相关信息的收集、整理为编辑阶段,评估与决策为估值阶段。

(1)编辑阶段

编辑阶段的作用是对选项进行重新组织以简化随后的估值和选择。编辑包括对与所提出前景相关的收益和概率进行变形处理,使决策任务变得容易。因此,在任何可能的时候它们都会被使用,编辑阶段包括以下内容:

①编码

卡尼曼和特维尔斯基(Kahneman and Tversky, 1979)提出人们通常关注的是收益和损失,而不是财富或福利的最终状态。收益和损失的定义与某一参考点相对应,参考点通常与现有资产状况相关。在这种情况下,收益和损失与收到或付出的真实数量是一致的。但参考点的位置和对收益或损失的编码,会受到提供前景的表达方式和决策者预期的影响。

②合成

前景有时会通过将概率与相应的结果结合而简化，如前景（200，0.25；200，0.25）将被简化为（200，0.50），并以这种方式估值。

③剥离

在编辑阶段，一些前景中包含的无风险部分将从有风险部分中剥离出来，如前景（300，0.80；200，0.20）自然地被分成 200 元的确定收益和风险前景（100，0.80）。同样，前景（-400，0.40；-100，0.60）可以看作由 100 元的确定损失和前景（-300，0.40）构成。

④取消

人们往往抛弃共有的组成部分，例如，在（200，0.20；100，0.50；-50，0.30）和（200，0.20；150，0.50；-100，0.30）中选择，可以通过取消被简化为在（100，0.50；-50，0.30）和（150，0.50；-100，0.30）中选择。

⑤简化

简化是指通过约略概率或结果而对前景进行简化。例如，前景（101，0.49）很可能被重新编码为以半数机会赢得 100。简化的形式包括审视提供的前景以发现起控制作用的选择因素，没有进一步的估价，这些因素可能被丢弃。

（2）估值阶段

编辑阶段之后，决策制定者对前景进行估值进而进行选择。被编辑前景的全部价值 V，用 π 和 v 两个主观量度来表达。

π 表示与概率 p 相对应的决策权重 π（p），它反映了 p 对前景的全部价值的影响力，v 反映结果的主观价值，分配给每一结果 x 一个价值量 v（x）。而结果的定义与参考点相对应，价值尺度以 0 为参考点。因此，v 度量离开参考点的价值的程度，即收益或损失。

当前的判断与简化的前景形式（x，p；y，q）有关，这种形式最多有两种非零的结果。在这样一种前景中，一个人以概率 p 获得 x，以概率 q 获得 y，以概率 1-p-q 获得 0，这里 p+q≤1。当结果都是肯定时，被提出的前景就是严格肯定的，即：如果 x，y＞0，且 p+q=1；当结果都是否定时，就是严格否定的。如果一个前景既不是严格肯定的也不是严格否定的，它就是一个一般性的前景。

这一理论的基本方程式是将 π 和 v 结合起来以决定一般性前景总价值。

如果（x，p；y，q）是一个一般性前景（即 p+q＜1，要么 x≥0≥y，要么 x≤0≤y），那么：

$$V（x，p；y，q）＝π（p）v（x）+π（q）v（y） \quad ①$$

①式中，v（0）＝0，π（0）＝0，π（1）＝1。与效用理论一样，V 被定义为前景，而 v 定义为某个结果的价值，对确定性前景两种量度是一致的，V（x，1，0）＝V（x）＝v（x）。

对严格肯定和严格否定前景的估值遵循一种不同的规则。在编辑阶段这些前景被分成两部分：一是大风险部分，即可以确定获得或付出的最小收益或损失；二是风险部分，即现实中并未确定的附加收益或损失。下面的方程描述了对这类前景的估值：

如果 p+q＝1，且要么 x＞y＞0，要么 x＜y＜0，那么：

$$V（x，p；y，q）＝v（y）+π（p）[v（x）-v（y）] ②$$

也就是说，严格肯定或严格否定前景的价值等于无风险部分的价值，加上收益间的价值差乘以与更极端的收益相关的权数，如 V（400，0.25；100，0.75）＝v（100）+π（0.25）[v（400）- v（100）]。

②式的重要特征是一个决策权重被赋予代表前景的风险部分的价值差 v（x）-v（y），而非代表无风险部分的 v（y）。该式的右边也等于 π（p）v（x）+[1-π（p）]v（y）。因此，如果 π（p）+π（1-p）＝1 的话，②式可以变形为①式。

前景理论的方程保留了构成预期效用理论基础的双曲线形式，但是关注的是价值的改变而不是最终形态，并且决策权重与固定概率并不一致。这些与预期效用理论的差异，必然导致标准金融理论所不能接受的结果，如非恒定性、非传递性和对优势性的违背等，也就是违背了预期效用理论的公理化假设。如果决策者意识到他的偏好是非恒定性、非传递性和非优势性的，这些偏好的异常现象通常会被纠正过来。然而，在许多情况下，决策者没有机会发现他的偏好会违反他希望遵循的决策规则。在这些情况下，前景理论所指出的现象将按预期发生。

3. 前景理论与价值函数

心理学研究表明，人们通常不是从总财富角度考虑问题，而是从输赢的角度考虑。主观价值的载体是财富的变化而非最终状态，这一假设是前景理论的核心。卡尼曼和特维尔斯基（Kahnman and Tversky，1979）提出了"价值函数"与"决策权重"的模型，以替代预期效用和主观概率模型。根据前面的分析，价值函数可以表达为：

$$V=\sum π（p_i）v（x_i）   i=1，2，…，n$$

式中，v（x）是决策者主观感受所形成的价值，即偏好情况体现在围绕参考点的价值变化而不是价值的绝对值。π（p）是决策权重，它是一种概率评价性的单调增函数。

前景理论的一个重要特征是价值的载体是财富或福利的改变而不是它们的最终状态。这一假设与判断的基本原理相吻合，人们的体验是与改变的估计值而不是绝对数量的估计值相对应的。当人们对光、声音或温度这些属性做出反应时，过去的或现在的经验确定了一个适应水平或参考点，刺激则通过与这个参考点的对比而被感知。因此，一个给定温度的物体可能根据一个人可以适应的温度而被确定为摸起来是热还是冷。同一原理也适用于非感觉属性，如健康、声望和财富。

对财富变化态度的一个突出特征是损失的影响要大于收益，损失一笔钱所引起的烦恼要大于获得同样数目的一笔收入带来的快乐。现实生活中，（x，0.50；-x，0.50）形式的对称性博弈明显没有吸引力，而且对对称形式博弈的厌恶随着赌注的增加而增加，即：如果 x≥y≥0，那么人们更倾向于（y，0.50；-y，0.50）而不是（x，0.50；-x，0.50）。根据①式，有：

v（y）+v（-y）>v（x）+v（-x）

v（-y）-v（-x）>v（x）-v（y）

令 y=0，v（x）<-v（-x），假设 v 的导数 v′存在，则有 v′（x）<v′（-x），因此，损失的价值函数陡于收益的价值函数。一般价值函数如图 2.2 所示。

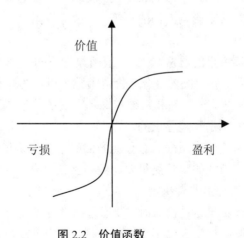

图 2.2　价值函数

价值函数具有四个特征：

①单调递增。价值函数是一条单调递增的函数曲线，表现为收益越大价值

越高，或损失越大价值越低。并且，在任何情况下，收益总是好于损失。

②价值函数考察的是增量，而不是存量。价值函数是相对于不同参考点的收益或损失水平，而不是传统理论所重点考察的期末总收益或总损失。没有收益或损失（x=0），则没有价值（v（x）=0）。

③价值函数是 S 型曲线。价值函数是以原点为中心向收益和损失两个方向偏离的反射状曲线，呈 S 型（见图 2.2）。当收益出现时，价值函数是凸函数，反映了投资者对风险的厌恶倾向（x>0，$v''(x)<0$）；当损失出现时，价值函数是凹函数（x<0，$v''(x)>0$），反映了投资者对风险偏好的倾向。

④损失部分的斜率绝对值比收益部分的斜率绝对值要大。价值函数曲线表现在 S 型图形中，$v'(-x)>v'(x)$，x>0，即在同等大小的收益和损失中，损失相对应的斜率的绝对值要大于收益相对应的斜率的绝对值。

4. 价值函数对消费者参考点的启示

价值函数和预期效用理论中的效用函数存在不同。该函数在曲线上有个拐点，即所谓的"参考点"，它是指人们在评价事物时，总要与一定的参照物相比较，当对比的参照物不同时，相同的事物就会得到不同的比较结果，因此，参考点是一种主观评价标准。卡尼曼和特维尔斯基发现，风险收益机会的价值更多地依赖于可能发生的收益或损失从何种参考点出发，而不是它最终会带来的总财富，即并不是人们的富有程度影响其决策，而是某项决策会让人们变得穷一点还是富一点的判断影响其决策。因此，卡尼曼和特维尔斯基提出可通过改变参考点的方法来影响人们的决策。在参考点附近，人们的态度最可能发生变化。

对于高于参考点的财富水平，价值函数是下凹的，和传统的效用函数相同。在参考点上，由于斜率突然变化，价值函数可以认为是无限向下凹的。对低于参考点的财富水平，卡尼曼和特维尔斯基发现了价值函数是凸形的证据。他们认为人们在损失时是风险寻求的。

尽管这一理论可以用来从对预期的偏好中获得价值函数，但由于决策权重的引入，对价值函数的实际测量要比效用函数复杂。

5. 权重函数与消费者决策

人们在进行不确定性决策时，要通过概率推理得出适当的结论。概率论和统计学为处理概率信息提供了形式化模型，人们可以学习并掌握这些模型，但人们在加工不确定性信息时，往往偏离这些形式化模型的要求。概率可分为客观概率和主观概率两类，客观概率基于对事件的物理特性的分析，如一枚硬币有两面，向上抛掷后，任何一面朝上的概率为 1/2。主观概率仅存于人的头脑中，它是人对事件的客观概率的判断。主观概率为 1 意味着人相信某个事件会出现，主观概率为 0 意味着人相信某个事件不会出现，而各个中间值则反映不同的信心水平。但是这种计算不是基于对客观情境的分析，而是基于人自己的经验和希望。因此，主观概率和客观概率往往不相符合。

预期效用理论认为，一个不确定性前景的价值（效用）可以通过将各个水平的可能结果按照它们出现的概率加权求和得到。

假设你有一张彩票，该彩票只有一个 300 美元的奖，当赢得该奖的概率函数变化时，你的彩票的价值将如何变化？根据预期效用理论，彩票的价值是关于中奖概率 P 的线性函数为：

$$U（E）=P×U（300）+（1-P）×U（0）$$

然而，心理学证据表明，彩票的价值并不是关于中奖概率 P 的线性函数。例如，概率从 0% 到 5% 或者从 95% 到 100% 的增值作用似乎大于从 30% 到 35% 的增值作用。

也就是说，从不可能事件到可能事件，或者从可能事件到确定性事件的变化所产生的作用，大于从可能性事件到可能性事件的同等变化而产生的作用，即决策权重存在"类别边际效应"（category boundary effect）。权重函数可表示为图 2.3 所示。

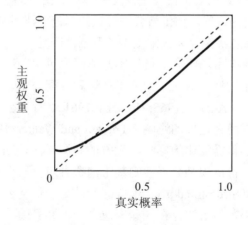

图 2.3　权重函数

权重函数具备以下属性：

①权重函数是概率 P 的增函数，且 π（0）=0，π（1）=1。

②亚确定性：除极低概率事件外，权重函数数值通常比相应的概率低，即：

π（P）<P 且 π（P）+π（1-P）≤1。

③亚比例性：当概率比一定时，大概率对应的决策权数的比率小于小概率对应的权数比率，用数学形式表示为：

对任意的 0<p，q，r≤1 存在 π（pq）/π（p）<π（pqr）/π（pr）。

④次可加性：权重函数低估一般概率，而相对高估低概率，即赋予一般概率事件以相对低的权数（π（p）<p），而赋予极低概率事件以高权数（π（p）>p）。在低概率区域权重函数是次加性函数，即对任意的 0<r<1，有 π（rp）>rπ（p）。

⑤极低和极高概率事件的权数主要取决于投资者的主观感觉。人有对极低概率事件的高估倾向，这是保险和博彩的存在原因和吸引力所在，因为它们都是以较小的相对固定成本换取可能性非常小却十分巨大的潜在收益。人们花 2元购买概率只有 0.001 而奖励为 10000 元的彩票，该博彩行为反映人的主观偏好：π（0.001）v（10000）+v（-2）>0。

根据前景理论，人们对风险的态度不只是由效用函数决定，而是由价值函数和权重函数联合决定。事件出现可能结果 x、y 的概率分别为 p、q，维持现状的概率为 1-p-q，记为（x，p；y，q），则总效用为 U（x，p；y，q）=π（p）v（x）+π（q）v（y）（结果 x、y 为严格正或负时，效用函数是该等式的变形）。

2.1.3.1.3　价格公平性判定理论与前景理论简评

半个多世纪以来，人们对价格公平性的感知及其在公平基础上的消费决策行为研究取得了长足的进展，如价格公平性认知理论廓清了价格公平性判定，而前景理论也为消费者决策行为认知做出了开创性研究。

目前，各国学者与市场研究人员以不懈的研究更深入地拓宽了人们对消费者价格公平性判定过程的认知，如公平理论和分配公平着重于交换关系双方产出公平的重要性（Adams, 1965; Homans, 1961）、程序公正关注于用来决定产出的公平性感知潜在过程的影响（Thibaut and Walker, 1975）、双重权力原则与归因理论强调供需变化的影响和卖方的利润导向（Kahneman, Knetsch, and Thaler, 1986b）、价格规则公平性则基于消费者对价格形成过程与结果的公平性感知的影响（Sirdeshmukh et al., 2002）。尽管价格公平性认知理论研究已取得丰硕的成果，但依然存在一些未决之处，并且随着未来价格的日趋复杂，价格公平性认知理论尚需更快发展以满足人们对价格研究的认识和企业定价策略的指导。

前景理论提出之初并没有得到广泛认同，主要原因是当时主流经济学崇尚数学工具，因而回避心理学研究。但自 20 世纪 80 年代后期以来，卡尼曼和特维尔斯基的相关论文是经济学与金融学前沿研究中多次引用的经典文献。

前景理论，这一前沿消费者决策行为理论，概括起来主要有四点：①人们不仅看重财富的绝对量，更加看重的是财富的变化量。与投资总量相比，投资者更加关注的是投资的盈利或亏损数量。②人们面临条件相当的损失前景时更加倾向于冒险赌博（风险偏好），而面临条件相当的盈利前景时更倾向于实现确定性盈利（风险规避）。③财富减少产生的痛苦与等量财富增加给人带来的快乐不相等，前者大于后者。④前期决策的实际结果影响后期的风险态度和决策，前期盈利可以使人的风险偏好增强，还可以平滑后期的损失；而前期的损失加剧了以后亏损的痛苦，风险厌恶程度也相应提高。对于投资者来说，投资者从现在的盈利或损失中获得的效用依赖于前期的投资结果。

2.1.3.2　消费者价值型决策和心理账户理论的形成与发展

2.1.3.2.1　消费者价值型决策理论模型的发展

众所周知，在判断市场价格吸引力时，消费者往往将市场价格与内部参考价格作比较后再决定是否购买。参考价格被假定为比较中作为中立点的基准，那些在它以下的价格被认为是低价（相对并不昂贵），同时在它之上的价格则被认为是高价（相对昂贵）。

维纳等人（Kalyanaram and Winer，1995）指出："个体做出判断和选择是基于与某一特定内部参考价格的比较。"维纳（Winer，1988）更明确地解释为：定义 P_0 是观察到的零售价格，P_r 是个体的内部参考价格，行为定价思想假设（P_0-P_r）的正值会被消极地感知，而（P_0-P_r）的负值则会被积极地感知。

价格判断取决于市场价格与一个内部参考价格比较的假设可追溯至范围理论（Volkmann, 1951）和适应水平理论（Helson, 1964）。

1. 范围理论

福尔克曼（Volkmann）的范围理论是一个提出刺激价值的区间决定着区间内任何一个感知值的感官感知理论。应用到行为定价领域，范围理论意味着人们使用记忆中价格经历设置了价格期望的一个较低的和较高的范围，并且在该范围内一个市场价格的吸引力是其相对位置的函数。

虽然范围判断的解释在行为定价文献中很少受到关注，但是存在刺激价格范围能够影响判断的大量证据。如谢里夫（Sherif）和霍夫兰（Hovland）在他们的著作《同化对比理论》（Assimilation-Contrast Theory）中，总结最初 40 年来范围理论的研究成果为，"它是通常情况下，获取一个锚定函数的最终值"。同样，农纳利（Nunnally）也在其心理测量理论的研究论文中提出，"被测试人员倾向于在（1）过去他们经历过的相同种类的刺激和（2）呈现的刺激范围，锚定他们的反应"。

奥斯特罗姆（Ostrom）和厄普肖（Upshaw）更进一步指出，"参考效应的结构，或者来自情境，或者来自焦点刺激（Helson, 1964），通过唤起价格范围和内部参考价格的影响最终实现末端作用的锚定。因此，最终锚定被视为在评定个体态度中用来判断参考区间的主要特性"。他们通过四个实证研究，评价了消费者唤起的价格范围对市场价格吸引力判断的独立影响。研究指出，当内部参考价格一直存在时，唤起价格的范围将会受到控制。它表明当唤起价格的范围上升时，市场价格的感知会变得容易让人接受。相似地，当唤起价格的范围下降时，市场价格的感知会变得更加难以接受。

2. 适应水平理论

赫尔森（Helson）的适应水平理论是另一个提出感官判断取决于当前感觉与近来感官经历的适应水平之比较的感官感知理论。维纳等人（Kalyanaram and Wine，1995）将适应水平理论和内部参考价格结构的关系描述为，"适应水平理论是基于刺激的判断与代表当前和过去刺激的汇合效用的内部基准相关的假设。因此，所有的判断与适应水平相关。根据适应水平理论，过去和当前经历的情境决定着一个适应水平或者参考点，与被感知和比较的新刺激相关"。

把适应水平理论整合入行为定价理论，一个内部参考价格已经被假设为近来价格经历的一个适应水平。例如，内部参考价格已经被估计为近期支付的价格、过去价格对数均值的加权或过去价格的指数平滑。大量的研究结果被用来理解内部参考价格的稳定性和能够影响它的因素。

适应水平理论提出了诸如光线和黑暗的视觉系统适应、重量和痛苦的感官系统适应、音量的听觉系统适应等的解释（Helson, 1964）。该理论指出一个人因环境中变化的感知导致刺激的改变是适应水平（以往感官经历对数均值的加权）的一个直接函数。适应水平的生动形象比喻，清晰地提出了在任何判断区间存在一个无差异点或区域。在定价理论中，该无差异点就是内部参考价格。适应水平理论也指出，在一个适应水平周围的区域，存在一个与某些已经标注了价格接受范围的价格非敏感区域。

3. 同化对比理论

谢尔曼等人（Sherman et al.，1978）在探索同化对比理论推动力的研究中表明目标的判断会受到情境因素影响，具体体现在个人、群体、目标和自身的差异性特征等方面。

同化对比理论有两种不同的理解。一种是赫尔（Herr，1989）所倡导的观点，特征与某个情境和某个目标物重叠的程度决定了是同化还是对比。另一种是马汀斯和门罗（Martins and Monroe，1990）支持的观点，认知资源方面的情境效应决定了判断情况。

特征重叠观点中代表性的证据是由赫尔（Herr，1989）在营销研究中提出的。作为他研究的一部分，赫尔使用了一个预先准备好的任务来向那些懂车的人介绍情境。在适度的情境暗示条件下，这些暗示要么是便宜的车型（如 Tercel），要么是昂贵的车型（如 Mazda RX-7），然而即使在极端的情况下，这些情境暗示也不是特便宜（如 Ford Pinto）或者特昂贵（如Mercedes Benz）的车型。然后，参与者被要求给出一款不熟悉车型的价格判断。同化的证据在适度暗示的情况下体现出来：当情境暗示是适度的昂贵而非便宜的车型时，参与者猜测的目标车型价格偏高。在极端条件下则体现了对比效应，因为当情境暗示是特便宜的车型，而非特昂贵的车型时，参与者猜测的目标车型价格更显昂贵。

在描述这些效应的过程中，赫尔（Herr，1989）认为根据遇到的不熟悉目标物或者产品，个体试图从概念上将其分类，通常会使用最容易接近被情境激活的类别。如果情境暗示和目标产品特征有一定重叠，该产品将会被划分到被情境暗示激活的相同类别中。因此，关于产品各个方面的判断，将会在把它们分配到该类别的平均水平时做出。大概这就是当一个目标产品是不熟悉和被情境激活的类别是比较极端时（如比较昂贵的车型类别），同化为什么会发生的解释，因为在这种情况下，目标产品和类别之间的重叠很可能很高。

当类别被情境暗示激活和与不熟悉的目标产品没有或者有很少特征重叠时，此时一个极端的类别可能会被考虑（如特昂贵的车型），对比就发生了。当某产品不可能被划分到被情境激活的类别中时，该类别的价值很可能会作为个体对其范围判断的一个相关的终点。因此，正是情境暗示相关的极端类别很可能作为当判断产品时对比的一个锚定或者标准，对不熟悉目标产品的判断很可能取代了该类别或者产品，对比效应就会产生。

赫尔的研究和那些早期被引用的成果提供了情境效用存在的令人信服的证据，同时他对重叠的看法也提供了这些效应发生过程的合理解释。然而，最近的证据表明同化和对比能够在情境中的暗示与目标物不发生重叠时产生。其研究表明认知资源的水平或者人们在做判断时做出的努力在决定情境效应上也起着重要作用。

沿着这些线索，赫尔（Herr，1989）使用人们对认知的需求作为努力的指示物，同时验证了它是如何影响判断做出的类别。对认知有高需求的人被发现存在对比效应，而对认知低需求的人则是同化效应。这些发现可以通过只有那些对认知有高需求的人做出必要的努力来抵消情境暗示和在相反的方面解释目标物来说明，从而对比效应发生了。对认知有低需求的人显然在促使情境与目标物联系方面，使用不怎么费力气的同化战略。

2.1.3.2.2 心理账户理论形成

人们常常错误地将一些资产的价值估计得比另一些低。如彩票中奖赢得的奖金、股票市场获得的收益、意想不到的遗产、所得税的返还等估价都会比常规的收入低。人们倾向于更轻率地使用这些被低估的资产。人们根据资金的来源、所在和用途等进行归类，这种现象被称为"心理账户"。

1. 心理账户理论的提出

心理账户理论是 1985 年由康乃尔大学心理学教授塞勒正式提出。塞勒在前景理论（Kahneman and Tversky, 1979）的基础上，探讨了价值函数在组合情况下的收益或损失；他还提出了交易价值的概念，即消费者的感受价值取决于在交易中感觉到的公平性。

心理账户理论认为：小到个体、家庭，大到企业集团，都有或明确或潜在的心理账户系统。在做经济决策时，这种心理账户系统常常遵循一种与经济学的运算规律相矛盾的潜在心理运算规则，其心理记账方式与经济学和数学的运算方式都不相同，因此经常以非预期的方式影响着决策，使个体的决策违背最简单的理性经济法则。因此，概括起来，所谓心理账户就是人们在心理无意识地把财富划归不同的账户进行管理，不同的心理账户有不同的记账方式和心理运算规则。

由于心理账户的存在，使人们在行为决策时常常偏离基本的"经济人"理性原则。传统的经济理论假设资金是"可替代的"，也就是说所有的资金都是等价的，那么 1000 元彩票赢得的资金和 1000 元工资收入是等价的。我们使用彩票赢得的资金和工资收入会没有差别。然而，在人们的眼里，资金通常并不是那样可替代的。人们倾向于把他们的投资武断地分配到单独的心理账户中，并根据投资所在的账户分别做出决策。

2. 心理账户研究的三因素

第一，收入的来源。也就是说根据钱来源的不同，人们会将它们分到不同的账户中去，不同账户的边际消费倾向是不一样的。人们会把自己辛辛苦苦挣来的钱存起来，舍不得花，但如果是一笔意外之财，可能很快就花掉了。这其实说明人们在头脑里分别为这两类钱财建立了两个不同的账户，挣来的钱和意外之财两者是有区别的。

第二，收入的支出。人们会将收入分配到不同的消费项目中去，各个项目之间资金不具有完全替代性。比如当人们将本月收入的一部分作为储蓄，剩余部分摊到食品、房租、水电等项目中去后，很不愿意再去动用储蓄这个心理账户中的钱，但钱在其他账户之间的流动性较强。

第三，对心理账户核算的频率。对心理账户是每天核算、每周核算还是每年核算，对人们的决策行为有很大的影响。这项发现可以解释困扰金融学领域已久的"股权溢价之谜（equity premium puzzle）"。"股权溢价之谜"是指在美国证券市场上，股票的历史回报率远高于债券及国债的历史回报率，而投资者更乐于投资后者的现象。心理账户的短期核算，连同前景理论就很好地解释了"股权溢价之谜"：虽然从长期来看，股票的回报率高于国债的回报率，但在短期内股票的价格波动较大。一旦股票价格下跌，投资者受"损失规避"的心理影响，会马上将股票抛出。因此，尽管股票的长期回报率高，但很少有人在股票下跌时能够忍住不抛，作长期投资。

3. 心理账户的基本特征

心理账户有两个最本质的特征：一是心理账户的非替代性；二是心理账户具有不同于经济学的特定运算规则。正是由于心理账户的这两个本质特征，造成了人的经济行为与经济学理性假设的背离，即非理性特征。

（1）心理账户的非替代性特征

塞勒在研究中发现，根据财富的不同来源，财富的不同消费支出以及财富的不同存储方式，心理账户可以分成多种类别，且具有非替代性。

（2）心理账户的特定运算规则

①价值函数的假设

为了更好地探讨心理账户如何影响人的经济决策行为，塞勒教授引入价值函数这一概念。与以往经济理论中的效用函数相比，价值函数具有更为丰富的内涵，也从另一方面反映了消费者参考价格的多样性。

第一，收益与损失是个相对概念而不是绝对概念，人们对某一价值的主观判断是相对于某个自然参考点而言，是自己感觉到的得或失，而不是绝对的财富。也就是说，参考点的变化会引起人们主观估价的变化，人们更关注的是围绕参考点引起的变化，而不是绝对水平。

第二，人们在面临收益与损失（盈与亏）时心理体验是不同的，盈利曲线为下凹形，亏损曲线为上凸形，形成一条 S 型的曲线（见图 2.4）。这表明人们在获利区间通常是损失规避的，而损失区间通常是损失趋向的。

第三，离参考点愈近的差额人们愈加敏感。这反映了价值曲线的边际递减特征。

第四，同样数量的收益与损失，损失对人的影响大于获得的收益。

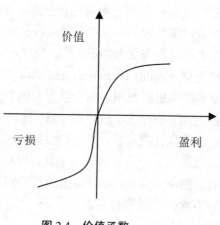

图 2.4　价值函数

价值函数的上述特征，可以解释很多人们的实际经济行为与经济规律相背离的现象。由于价值函数特有的 S 型曲线，越接近参考点的差额人们越敏感。由于人们对损失比收益具有更强烈、更敏感的情感体验，因此人们在卖掉一个属于自己的东西时的开价，总是明显高于他购买同样东西时所愿意出的价格。

②收益与损失的编码规则

根据期望效用函数，一次获得 100 元与两次获得 50 元所得到的心理满足是一样的，然而根据价值函数，两者并不一样。前者的心理满足要小于后者。塞勒通过实验证明了这一点。塞勒在他关于潜在心理账户的研究中，将价值函数在获利与亏损的不同联合结果中的偏好情况作了分析。假设 x、y 为两笔收入，其分开值为 V（x）+V（y），整合值为 V（x+y）。在价值函数的坐标上（见图 2.5），可以直观地发现 V（x）+V（y）>V（x+y），也就是分开获得的心理效用大于整合获得的心理效用。在不同情况下，人们在面临收益与损失的时候，其分开价值和整合价值将发生有规则的变化。

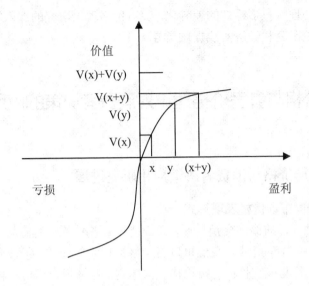

图 2.5　分开获得的心理效用 V（x）＋V（y）＞V（x+y）

③参考点效应

前面谈到：人们对某一价值的主观判断（自己所感觉到的收益与损失）是相对于某个自然参考点而言的。这是一种主观上的心理感受，而不是绝对的财富。因此，在现实经济决策中，不同的参考点对消费者的心理效用是不同的。对于现实结果与参考点的差距的不同处理方式，会产生不同的心理效用，有不同的心理原则。参考点决定了消费者感受到的是收益还是损失。参考价格点的形成，可能是基于内在线索（如记忆），也可能来自外部刺激。巧妙建立消费者的价格参考点，可以改变其对收益或损失的认知。

2.1.3.2.3　心理账户理论简评

心理账户理论首次解释了消费者个体很多差异性的非理性经济行为，进一步拓宽了消费者决策的理论基础。鉴于人的非理性经济行为，心理账户理论旗帜鲜明地指出：不同心理账户的不可替代性和心理账户独特的运算规则。

心理账户理论所揭示的消费者行为决策的本质，将会更进一步指导厂商的定价策略。目前心理账户理论已被广泛应用于解释传统经济学无法解释的人类行为，合理巧妙地利用心理账户理论，如捆绑销售的定价涉及标价方式与折扣分配等多样性定价策略，可以有效提高消费者的参考价格，实现销售目标。厂商价格策略的多样性，反过来又促进了消费者行为决策的多样性，从而更广泛地加剧了心理账户多样性的差异化。随着价格理论研究的深入发展，这些规律必将为理论研究和经济实践提供指导。

2.2　价格与参考价格理论对消费者决策的应用研究综述

2.2.1　市场价格与消费者决策应用研究进展

2.2.1.1　市场价格表现形式

在各种各样的商品交换场所，我们能见到各种各样的商品价格。根据商品交易过程中的不同特点，我们可以将价格进行简单分类：①按交易状态，可分为买价、卖价与成交价；②按价格生成序列，可分为出厂价、收购价、批发价和零售价；③按价格受政府调控程度，可分为管制价格和市场调控价格。

买价，一般是站在购买者的角度，是指购买者购买商品时所愿意支付的商品价格。卖价，一般是站在销售者的角度，是指销售者出售商品时所愿意接受的价格。商品交易中存在一个买卖双方愿意接受的价格范围。这个区间存在一个最高界限，商品价格要高于某个水平，买方则不愿意购买商品；同时也有一个最低界限，商品价格要低于这一水平，卖方则不愿意出售商品。在交易过程中，只有商品的买价等于商品的卖价，交易才能成功。因此，成交价也就是购买者愿意购买商品所支付的价格等于销售者出售商品所愿意接受的价格。

2.2.1.2　市场价格与消费者决策应用研究近况

在现代经济社会中，商品有成千上万种，花样繁多，同时各种各样的新型产品层出不穷。在这种情况下，作为一个最终消费者，不可能也做不到对所购买的每一种商品性能、质量、成本及其他情况都有充分的了解，而商品的销售者则对其所售商品的情况十分熟悉。因此，在商品交易中诸多信息不对称的基础上达成的商品成交价，对最终消费者可能会不利。在此复杂环境下，消费者的购买决策行为也表现出各异的价格感知与行为决策方式，其价格行为已非传统经济学理论中"经济人"理性行为方式所能诠释。围绕着现代消费者价格行为，各国学者展开了如火如荼的研究，以期解释现代消费者的行为方式。

2.2.1.2.1　消费者对价格信息的处理

近年来，消费者价格信息处理方面的研究多集中在价格与质量之间的认知关系方面。消费者对商品的评价情况受产品质量感知和与产品消费相关的付出的影响，这已经得到了很好的证明（Monroe, 1990; Nagle and Holden, 1995）。价格感知受产品内在和外在特征的驱动。价格的使用作为质量信号是使用外在特征的一个例子。门罗（Monroe, 1990）认为价格起着双重作用。消费者可以使用价格信息来决定产品质量，同时来决定与购买相关的金钱付出（或者费用）（Dodds et al., 1991; Monroe, 1990; Zeithaml, 1988）。此外，以往研究表明对产品信息进行评价的情境能够影响价格信息是否被用来决定产品质量而非是金钱付出，或者反之亦然（Monroe, 1990; Peterson and Wilson, 1985; Zeithaml, 1988; Suri and Monroe, 1999）。特别是当产品信息没有完全处理时，价格更多的是用来作为启发式暗示来决定产品质量，如高价意味着产品质量高，反之价低意味着质量低（Pechmann and Ratneshwar, 1991）。当情境允许产品信息完全处理时，消费者依赖属性信息而非价格来评价产品质量。在这种情境中，价格更多用来决定与产品购买相关的金钱付出（Grewal et al., 1994; Suri and Monroe, 1999）。

同上所述，评价价格信息也能够制造消费者困境。一方面，一个高价表明高产品质量；另一方面，同样高价也意味着高金钱付出。门罗（Monroe, 1990）认为消费者在质量感知和与产品价格相关的付出之间做出认知均衡来实现他们对产品价值的判断。产品的评价指导产品的购买。然而，当做出这种评价时，产品的评价与认知均衡受情境变量影响（Monroe, 1990; Holbrook and Corfman, 1985）。让消费者更多意识到金钱付出的情境很可能减少价值感知，而增加质量感知的情境很可能会增加价值感知（Zeithaml, 1988; Monroe, 1990）。因此，促使消费者完全（或系统地）处理价格信息的情境将会使得更多地使用价格来决定金钱付出，而非产品质量和较低的价值感知（Grewal et al., 1994; Suri and Monroe, 1999）。另外，阻止消费者完全处理价格信息的情境将导致更多地使用价格来决定产品质量，而非金钱付出，因此增加了产品的感知价值（Pechmann and Ratneshwar, 1991; Suri and Monroe, 1999）。

以上观点表明价格信息独立于做出评价的情境，同时这些情境反过来影响价格是否完全或不完全地被处理。接下来，笔者将探讨目前研究中价格呈现的形式，如固定价格与折扣价格，如何创造情境和影响产品评价的研究成果。

1. 价格与质量间正向效应研究

正如以上讨论的，固定价格和折扣价格提供了不同的评价情境。当评价一个以固定价格形式出现的价格时，消费者并不存在时间压力来做出立即的购买决定，因为存在卖方的清楚保证，不论何时决定购买价格都是一样的。其结果是在购买固定价格商品时，无须担心以后价格提高或降低。当评价一个折扣价格形式时，对于消费者购买该产品存在着一个外在的或内在的时间约束。因此，与购买相关的非确定性和可能后悔的威胁很可能较大。

为了识别消费者处理固定价格信息与折扣价格信息时发生的差异，苏芮·拉加尼西（Suri Rajneesh）等学者通过预测两种价格形式评价的差异，进行了时间压力对价格信息处理效用的研究。正如以往提及的，折扣价格形式比非折扣价格形式，与一定的时间压力的关系更为密切（Inman and McAlister, 1994; Inman et al., 1997），然而固定价格形式对于消费者购买的产品来说，不存在时间压力。近期的研究表明：只要时间压力不是太大，时间压力完全能够激发个体的信息处理能力，使他们可以完全地处理信息；然而，在不存在时间压力的情况下，个体不是完全地处理给定的信息（Suri and Monroe, 1999; Suri, 1996）。

当评估风险时，主观效用曲线在损失区域比在收益区域更加陡峭的前景理论，也能够得出相似的结论（Kahneman and Tversky, 1979）。这一概念意味着负面信息比正面信息的影响更大（Meyerowitz and Chaiken, 1987）。依照这个理论，人们面对损失威胁（或者一种可能的后悔）比人们没有面对此威胁时，更容易受到激发来减少他们的损失，同时更可能进行既定信息的完全处理。

苏芮·拉加尼西等人（Suri Rajneesh et al.）[1]的实证研究表明：当价格信息以固定价格形式而非折扣形式呈现时，感知质量将会较高；当价格信息以折扣形式而非固定价格形式呈现时，感知付出将会较高。而考虑价值的感知暗含着感知质量和感知付出之间的均衡，当感知质量增加或（和）当感知付出减少时，价值的感知应该增加。因此，当价格信息以固定价格形式而非折扣形式呈现时，感知价值将会较高。

2. 价格与质量间负向效应研究

折扣价格在负面质量信号方面有别于持久的价格削减。一个持久的价格削减可以反映潜在成本的改变或市场竞争情况的变化。这些情况都不会传达关于产品质量潜在的负面信号。另一方面，折扣价格会与产品质量感知的负面质量相关。负面质量信号和折扣与为了清除库存的价格削减相关。通常情况下，在清仓时的感知动机，要么是产品在某种程度上存在缺陷，要么是将会被新品取代。在这两种情况下，价格削减很可能对产品质量感知产生消极影响。然而，折扣价格因为与减少的金钱付出相关，对产品评价也有正面效用（Thaler, 1985）。

---

[1] Suri Rajneesh, Manchanda Rajesh V. and Kohli Chiranjeev S., Brand Evaluations: A Comparison of Fixed Price and Discounted Price Offers, Journal of Product and Brand Management, 2000, 9(3), 193-206.

马登等人（Madan Vibhas et al.）[1]分析了折扣价格和固定价格对消费者产品估价的影响。利用消费者估价模型，探索了与折扣价格相联系的负向的质量效应和正向的金钱付出效应。实证表明，折扣价格的中间水平比固定价格更加理想。然而，一个固定价格比高水平和低水平的折扣价格更理想。

2.2.1.2.2　行为价格中的情感不确定性

价格不确定的不可预知性和结果推测产生了不确定性、失去控制和失望的感觉，同时减少了消费者的正面情感状态（Simonson, 1992）。进一步的信息处理和定价文献表明，折扣价格需要消费者更多地通过认知努力来进行信息处理（Monroe and Lee, 1999）。由于折扣计划的复杂性，导致消费者很难评价折扣价格与固定价格，这导致与评价相关的一种不太正面情感状态的交易价格。实证表明，评价折扣以决定最佳交易的过程，失去了许多顾客（Kerwin, 1997）。

根据心情保持理论，也可以得出相似结论（Isen and Simmonds, 1978），正面情感状态促使人保持愉快的感觉，同时在处理劝说型沟通时，将不容易受到激发。也就是说，在此情况下，个体将不怎么情愿处理信息，因为这将破坏他们当前的状态等人（Petty et al., 1993）。由此可见，与一个固定价格呈现形式相关的正面情感将使得消费者不怎么喜欢彻底地处理信息。反之，与评价折扣价格形式相关的较强负面情感状态将使得消费者彻底地处理信息。

苏芮·拉加尼西等人（Suri Rajneesh et al.）[2]通过实证检验固定定价和折扣定价对消费者情感与产品评价的影响，建立了一个情感、信息处理和定价之间的概念框架。实证结果表明固定价格引出更加积极的想法，并且对一个折扣价格构成有着更强烈的正向作用。这个情感的反应转而导致了价格信息处理的欠全面，因此对于固定价格形式有着更高的质量和价值感知。

2.2.1.2.3　市场价格与消费者购买数量决策

随着市场的繁荣，产品的相对丰富，供给在一定程度上超出了需求。厂商为了促进销售常常采用临时降价等促销活动，这些短期的促销效应也获得了学界广泛认可（Blattberg, Eppen, and Lieberman, 1981; Guadagni and Little, 1983）。但是，学界与厂商也随之认识到频繁的降价促销引起消费者在正常价格时购买抵触情绪的上升（Alsop, 1990; Sawyer and Dickson, 1984）。同时，部分学者的研究也发现消费者在某些商品促销时的购买量比平时非促销价时的购买量更少（Blattberg et al., 1981; Gupta, 1988; Neslin, Henderson, and

① Madan Vibhas and Suri Rajneesh, Quality Perception and Monetary Sacrifice: A Comparative Analysis of Discount and Fixed Prices, Journal of Product and Brand Management, 2001, 10(3), 170-184.

② Suri Rajneesh, Manchanda Rajesh V. and Kohli Chiranjeev S., Comparing Fixed Price and Discounted Price Strategies: the Role of Affect on Evaluations, Journal of Product and Brand Management, 2002, 11(3), 160-173.

Quelch, 1985）。

　　拉克什曼等人（Krishnamurthi Lakshman et al.）[1]为了更深入地认识促销与消费者决策行为间的关系，通过实证考察了消费者在参考价格和品牌选择下的购买价格以及在购买数量决策下，对损失（负向）和收益（正向）的差异所表示出的非对称性，即不同的敏感性。使用在每个产品类别下，三种经常购买品牌的产品组数据，他们发现在品牌选择决策中，对某一品牌忠诚的消费者（忠诚者），对收益和损失的敏感性相同。然而，对任何品牌都不忠诚的消费者（转换者），对收益的反应要比对损失的反应强烈。在购买数量决策中，品牌忠诚的消费者被认为对收益和损失的反应是非对称性的，但是直接的非对称性取决于决策的制定是否在家庭存货达到购进（例如，在某一水平上，家庭的存货需要被补充）水平之前或者之后。当决策是在购进水平之后做出时，品牌忠诚的消费者在他们喜欢的品牌上面，对收益会比损失敏感。相反，当购买数量决策在购进水平之前做出时，忠诚者则会对损失比对收益敏感。在对六个品牌中的两个进行验证时，他们发现了转换者数量决策非对称性的证据。在这两个案例中，转换者对价格损失比价格收益的反应更加强烈，而不管购买决策是在购进水平之前还是之后做出的。

2.2.2　参考价格的内涵及消费者决策应用研究进展

　　现在的消费者时常可在家中的信箱中发现各类零售商的广告传单，不难发现这些广告中都使用了一种相同的促销手法，就是在广告中使用参考价格。而参考价格的出现早已经不需要促销理由（周年庆等），在广告中真正的售价旁边一定会有"市价 XX 元""原价 XX 元"等参考价格。本节将分析这些价格如何形成可供购买决策的参考价格，参考价格的使用能否引起消费者的购买意图，以及如何影响消费者对于价格的感知。

2.2.2.1　消费者参考价格的内涵

2.2.2.1.1　参考价格的形成

　　所谓参考价格是指当消费者接触产品信息时，所联想的任何价格。参考价格又可分为外部参考价格（external reference price）与内部参考价格（internal reference price）。

　　1. 外部参考价格

　　（1）意义

---

① Krishnamurthi Lakshman, Mazumdar Tridib and Raj S. P., Asymmetric Response to Price in Consumer Brand Choice and Purchase Quantity Decision, Journal of Consumer Research, 1992, 191(2), 387-400.

外部参考价格是指零售商通过广告、标价等方式，提供给消费者参考的价格信息。

（2）基本形式

①零售商过去的售价；

②竞争者的售价；

③制造商的建议零售价。

本研究中的外部参考价格范围，是指零售商提供给消费者的竞争厂商销售价格的范围。

2. 内部参考价格

（1）意义

内部参考价格是指存在于消费者心中对产品价格的适应水平，又可称为适应水平价格。亦可解释为存在消费者记忆中，作为与实际售价比较基础的单一价格或价格范围（Grewal et al., 1998）。

（2）模型

普托（Puto，1987）、迪克逊和索耶（Dickson and Sawyer，1990）各提出概念性模型来描述内部参考价格的形成。

①普托（Puto，1987）的概念性模型

普托（Puto，1987）认为最初的内部参考价格是消费者对产品的期望与购买目标的函数。而期望是由过去的购买经验与对市场价格趋势两者之间比较后所产生的信息。消费者经由价格期望与购买目标所形成的最初价格，会受到外部信息（包括销售优惠信息、决策后的奖励与惩罚）的影响，进而修正成为最初的参考价格，并以此作为决策的基准。

②迪克逊和索耶（Dickson and Sawyer，1990）的概念性模型

迪克逊和索耶（Dickson and Sawyer，1990）认为消费者的最初价格认知来自日常购买行为中无意识储存的价格信息，当处于购买时点接收到新的价格信息时，会先判断该价格信息是一般价格还是促销价格，若发现是促销价格时，就会寻找其他产品的价格加以确认，且对于价格的注意程度会影响其价格存储与参考价格的形成。

2.2.2.1.2　内部参考价格标准

内部参考价格标准是指消费者对某产品在市场上售价的预测。内部参考价格标准包含正常价格感知范围、最低价格感知范围、最高价格感知范围、内部参考价格范围与价格接受范围五个部分，如图 2.6 所示。

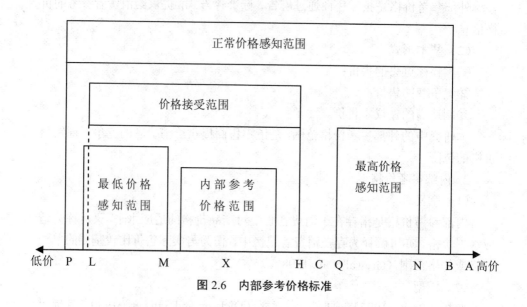

图 2.6　内部参考价格标准

1. 正常价格感知范围

正常价格感知范围是指消费者合理预期某一商品在市场上的价格在 PB 范围内。零售商提供的参考价格如果超过这个范围，则被认为过高且不合理，如点 A，但价格若是落在这个范围的上缘附近，则被认为是高价，如点 B，若价格在 PN 范围内，即是低而合理的，如点 C。

2. 最低价格感知范围

最低价格感知范围是指消费者认为某项商品在市场上的价格在 PM 范围内。最低价格感知十分重要，因为内部参考价格会提高消费者对于促销价格的感知，但如果消费者的最低价格感知没有改变，则消费者仍可能不接受此促销价，继续寻求更低的价格，以谋求利益极大化（Lichtenstein and Bearden, 1989）。

3. 最高价格感知范围

最高价格感知范围是指消费者认为某项商品在市场上的价格在 QN 范围内。最高价格感知范围的获得价值（acquisition value）即等于最高感知价格范围平均数与促销价两者的差距，也就是说，对某一特定促销价格而言，消费者的最高感知价格愈高，促销对消费者的吸引愈大。

4. 内部参考价格范围

如图 2.6 中范围 X，根据赫尔森（Helson，1964）的定义，内部参考价格范围是指消费者过去所观察的价格信息的算术平均数，克莱因等人（Klein and

Ogleghorpe，1987）则认为可用预期平均市场价格来代替。消费者通常将零售商的售价与此价格作比较，以决定是否购买（Thaler, 1985; Winer, 1986）。如果商品的促销价高于消费者的内部参考价格，则不愿购买；反之，购买意愿增强。

5. 价格接受范围

如图 2.6 中范围 LH，当市场价格太低，低于此范围，消费者会认为是商品品质过差，而不予接受；有时价格太高也会被视为不合理而拒绝接受。

上述各种内部参考价格标准皆以价格范围的方式定义，但是消费者亦能以平均值的方式存储于记忆中，此时以上各种价格范围便简化为单一价格。

2.2.2.2　参考价格与消费者决策模式研究

当消费者处于广告参考价格之中时，影响其心理及行为的因素甚多，有两个描述消费者如何处理参考价格信息的模式，分别由学者呃班尼等（Urbany, Bearden, and Weilbaker，1988）及比斯瓦斯和布莱尔（Biswas and Blair，1991）所提出，这两个模式分别如下所述。

2.2.2.2.1　呃班尼等人（Urbany et al.，1988）的参考价格处理模式

根据学者呃班尼等人（Urbany et al.，1988）所提出的参考价格处理模式，将该模式简化如图 2.7 所示。消费者在接受广告价格刺激之前，对促销商品就存在着价格期望，并会以价格期望与广告参考价格相比较以判别广告参考价格是否可信。对于参考价格的评估，会产生三种反应（相信、怀疑、完全不相信）。若消费者相信参考价格则会以广告参考价格来代替初始价格。若对广告参考价格怀疑，则会将广告参考价格打折至可接受的价格，而折扣后价格将替代初始价格。若消费者觉得广告参考价格完全不可信，其内在价格将不受广告参考价格的影响。调整后的内部参考价格与售价之差距为交易效用，而消费者的交易效用与所获得的效用会影响其对广告促销品的价格认知，降低搜寻利益，激发其购买意图。

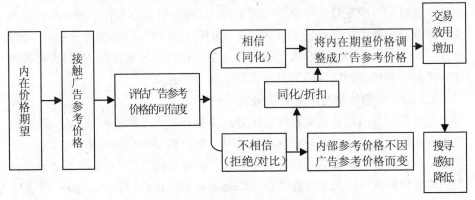

图 2.7　呃班尼（Urbany）的参考价格处理模式

2.2.2.2.2　比斯瓦斯和布莱尔（Biswas and Blair）的参考价格处理模式

由学者比斯瓦斯和布莱尔（Biswas and Blair，1991）所提出的参考价格效果模式则较为详细完整，如图2.8所示。

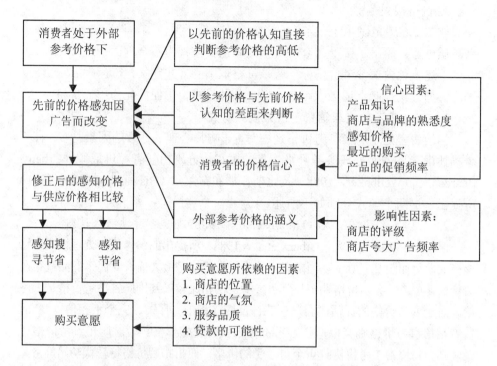

图2.8　比斯瓦斯和布莱尔（Biswas and Blair）的参考价格处理模式

从该模式中得到，外部参考价格对内部参考价格的影响，可从内部参考价格的改变方向及改变量大小两个方面来探讨。而价格信心是否产生方向性的改变，则取决于参考价格是低于或高于先前的价格认知（内部参考价格）。而改变量的大小则取决于外部参考价格与内部参考价格差异的程度、消费者对其内部参考价格自信的程度、外部参考价格所隐含的意义。

2.2.2.3　参考价格与消费者决策应用研究

企业市场部门的价格策略常常招致众多批评。为了制定有效的价格政策，市场人员试图更好地预测与把握消费者对不同价格参考点和价格变动的反应。各国学者已在价格感知的心理因素上进行了大量的研究，并且证实了心理因素在消费者价格反应中的多样性特点（Kamen and Toman, 1970; Monroe, 1973）。因此，精细价格策略的筹划需要更清晰地了解消费者面对多样性价格和价格变动时的经济行为和心理行为。

目前，学者们已在参考价格与消费者决策行为应用研究方面做出了大量细致的工作。以下将有代表性地展示其研究成果，并评述近年来各国学者在消费者价格公平性与多样性感知对消费者购买决策行为的研究状况。

2.2.2.3.1　价格公平性与消费者心理行为应用研究

在消费者价格行为中价格公平性感知已作为重要的心理影响因素获得了学者们的认可（Kahneman, Knetsch, and Thaler, 1986a,b）。研究表明，消费者对价格公平性较为敏感。特别是面对上升状态的价格，消费者更易触发抵触情绪，感知到价格的不公平而拒绝购买（Kahneman, Knetsch, and Thaler, 1986a,b; Urbany, Madden, and Dickson, 1989; Martins and Monroe, 1994）。也有学者对这种抵触情绪的持续效应（无论抵触效应将短期或长期持续）进行了相关研究，结果显示出消费者行为影响的细微差别。总而言之，消费者常因此触发购买行为的中断。由此，消费者价格不公平感知最终将导致厂商销售量的减少与利润的降低（Franciosi et al., 1995; Kachelmeier, Limberg, and Schadewald, 1991）。

为更全面地挖掘感知价格的公平性与不公平性的原因，以及引导价格概念的深入理解，根据心理学和经济学理论，坎贝尔（Campbell Margaret C.）[1]采用两次实验验证了推断一个企业价格提高的动机对价格非公平性感知的影响。在一个实验中，通过控制归因于企业在假日前的季节里对洋娃娃定价的推断动机和相关利润，扩展了推断动机和推断的相关利润对不公平价格感知有重要影响的研究。当参与者推断企业对价格提高的动机是消极时，同样的提高幅度被认为极其不公平。此外，在另一个实验中，发现企业的声誉能够影响推断动机，因此改变价格的非公平性感知。如果一个声誉好的企业没有从价格提高中获利，参与者们就会比如果企业从中获利而推断出更加积极的动机。如果一个声誉坏的企业也没有从中获利，其推断的动机始终如同企业从中获利那么消极。实验最终证实了，当企业制定一个被认为不公平的价格时，消费者对企业的态度和行为意图较低，从而提供了消费者不太可能与被认为具有不公平价格的公司进行交易的实证。

2.2.2.3.2　差异化价格公平性与消费者价格行为

2000 年 9 月，顾客于亚马逊公司（Amazon.com）的在线 DVD 碟片售价中发现，亚马逊公司根据顾客购买记录而为不同顾客提供不同的价格。接下来，网络上各聊天版面中到处充斥着亚马逊公司的顾客如潮水般的不满与抱怨。面

---

[1] Campbell Margaret C., Perceptions of Price Unfairness: Antecedents and Consequences, Journal of Marketing Research, 1999, 36(2), 187-199.

对如此情境，亚马逊公司澄清说，这只是公司尝试实施一个通过跟踪在线购买行为，对于同样的商品，对忠诚的顾客索取更高价格的差异化定价结构。随后，亚马逊公司许诺立即退还差价。

虽然亚马逊的顾客对这种新定价策略表现出极大的不满，迫使公司结束了差异化定价的尝试，但是差异化定价并非新事物，像旅游业和零售业已经通过特殊的促销，诸如对频繁乘机者返回一定的免费公里数和忠诚顾客折扣卡，来实现对顾客的差异化索价。为什么亚马逊顾客感知到公司的不同定价结构是不公平的呢？更重要的是，这种定价什么时候是可以接受的呢？

分配和程序公正性及公平理论给经理们提供了理解与定价公平性相关的理论基础。林恩（Lyn Jennifer Cox）[①]的研究关注于消费者如何感知价格，揭示了关于卖方意图、声誉和与可接受的价格范围相关的一些行为因素。

1. 推断动机、意图和善意对价格公平性的效用

过去的研究表明消费者通过推断企业提高价格的动机来决定价格的公平性（Kahneman et al., 1986）。坎贝尔（Campbell）提出企业的声誉影响消费者对企业动机的推断，并且认为推断的动机将间接地影响价格公平性的感知（Campbell, 1999）。研究发现，消费者基于以往动机和行为来理解企业当前的动机与未来的行动。实质上，企业的声誉对消费者感知企业及其定价结构有着重要的影响。消费者所认可的良好声誉给企业带来更多的价值，同时消费者会对企业的行为更加宽容。相反，坏名声会让消费者对企业不信任，并且增加了消费者对价格提高或者差异定价抱怨的可能。

企业通过一系列途径来释放善意。举例说来，与经济理论相反，企业总是在需求增加时，维持原价，创造短缺（Haddock and McChesney, 1994），其主要原因是维系与忠诚顾客的关系。位于旅游景区附近的餐馆会面临游客季节性的变动。某些餐馆没有在旺季时涨价就是想维持当前的定价结构来避免用较高的价格"惩罚"它们忠诚的顾客。一场自然灾害后，本地零售商总会维持高需求商品的价格，包括瓶装水和建筑材料。本地零售商对于通过保持善意来维系顾客关系很感兴趣，同时在价格提高时会对顾客采用先到先得的办法。例如，在飓风期间，家得宝（Home Depot）对每个顾客可以购买的各种建筑材料的数量进行了限制（Haddock and McChesney, 1994）。

除维持原价和需求增加时实施先到先得来保持善意之外，卖方也会通过给忠诚顾客提供额外的好处来建立善意。当弗兰克·辛纳屈（Frank Sinatra）开

① Lyn Jennifer Cox, Can Differential Prices be Fair, Journal of Product and Brand Management, 2001, 10(5), 264-275.

始把威士忌引入他的表演，并且向众多观众赞美它的品质时，在 20 世纪 50 年代杰克·丹尼（Jack Daniel）变成了"选择威士忌"。不久杰克·丹尼的威士忌需求就超过了公司的产量。杰克·丹尼创造了"田纳西乡绅（Tennessee Squire）"，一个由品尝杰克·丹尼威士忌的人组成的社会组织。会员资格只能通过邀请获得，同时"田纳西乡绅"收到了诸如每年浣熊狩猎的专门邀请（Haddock and McChesney, 1994）。

善意也可以通过慈善行为来体现。今天许多企业把它们利润中的一部分捐赠给某个慈善组织或慈善事业，如优诺（Yoplait）向乳腺癌研究组织的捐赠，以及保罗·纽曼（Paul Newman）把它从沙拉调料和意大利面酱中得到的全部利润用于儿童慈善事业，等等。经常购买这些企业产品的消费者通常可以接受价格提高或者较高的价格，因为他们认为自己购买产品是一种善意的行为。这些消费者可以因支持慈善事业来支付一个较高的价格，同时这也成全了卖方的善意行为。

公平理论和参照物的概念支持了如果卖方把他们利润的一部分捐赠给慈善组织或慈善事业，买方会把差异定价视为更加公平的观点。通常消费者同与他们个人特征相似的人群进行比较。如果买方认为与某个人的情况相似，并且发现自身以不同的价格购买相同的产品或服务时，不公平的判断很可能就会发生。此外，如果个体比与自身相比的弱势群体得到了更多的收益，这种正面的收益很可能将使其感到惭愧。所以，一个获得较低价格机票的高级会员、一个得到经济援助的低收入家庭或者得到电影票特别折扣的学生，当想到对于同样产品或服务支付更高价格的群体，并不会感到惭愧。然而，正如马汀斯和门罗（Martins and Monroe, 1994）引用的，公平分配仅仅限于基本的或自然需求。例如，在食品、必要的旅程等基本需求方面，个体比低收入买方支付较高的价格时，将会感到更加公平；但是对于像进口瓶装水这样的奢侈品，低收入买方支付较低价格时会比高收入买方支付较高价格时感到更加不公平。

2. 可接受的价格范围

每个消费者都会在基于一个参考价格或参考交易的基础上，决定可接受的价格范围。消费者通过各种来源建立参考价格，这些来源包括该产品最终支付的价格、竞争品牌的价格和产品的感知价值。一个在包含参考价格范围之上的价格，不仅仅被认为不可接受，甚至会被视为不公平。一个在可接受价格范围之下的价格或许意味着低劣的产品或服务。总之，消费者倾向于购买在可接受价格范围中间位置的产品或服务。

麦克斯韦（Maxwell）认为在消费者"买方公平区域"可接受价格的宽阔

区域内存在着一个区间（Maxwell, 1999），该区间位于买方可接受价格范围的上端，意味着在一个较高价格下卖方增加消费者的满意。例如，麦克斯韦（Maxwell, 1999）曾开展过一个实验，参与者基于曾经卖出的同样类型同样车况的售价，协商一辆二手车的价格范围。实验参与者在协商之前被要求考虑该车在公平价格下的最低和最高价格，他们更倾向于选择一个比认为的可接受价格略高的区间作为"公平"价格。因此，在进行协商之前，通过大致询问他认为的公平价格范围，可以建立了一个关注于公平性的参考框架。巧妙地沟通或呈现某个种类的某些特性使得该种类和预想做出的联系更容易从记忆中获取，并且很可能在新信息的处理过程中使用（Herr, 1989）。麦克斯韦在协商汽车价格之前的实验确实证明了进行过价格公平性沟通的消费者更容易接受和产生比公平价格略高的价格。

麦克斯韦（Maxwell, 1999）的研究表明，提前的良好沟通是一种卖方提高价格范围且买方还认为是公平的方法。除此之外，善意和参照物的概念也可以帮助企业提高买方认为公平的价格范围。

西蒙森（Simonson, 1992）研究了一个企业在承诺捐赠慈善事业后，捆绑销售某些产品的想法和该承诺对实际购买行为的效用。他们的研究发现企业慈善捐赠的数量并不影响买方与做出相似捐赠承诺的竞争对手产品相比，购买本产品的决定。此外，买方对于企业通过提高奢侈品的价格来向慈善组织捐赠，比通过增加必需品价格而进行的捐赠更容易接受。所以，通过慈善捐赠提高非必需品的价格是可能的，企业可以提高买方的公平价格区域。例如，消费者购买保罗纽曼（Paul Newman）的意大利面酱、本和杰里（Ben & Jerry）的冰激凌，或者优诺（Yoplait）的酸奶酪时，可以接受这些产品较高的价格。在它们各自的产品种类中，并不仅仅因为这些产品高的感知质量，还由于可以从购买这些产品中表达善意。对于较高质量产品支付较高价格的意愿表明拥有高端品牌的企业可以通过做出向慈善捐赠的承诺，提高产品的价格和消费者的公平价格区域。

2.2.2.3.3 参考价格历史构成与消费者公平感知

自双重权利原则提出后，有关价格公平性感知的研究更如雨后春竹般展开。参考价格的历史构成，过去价格、竞争者价格和成本，这一价格公平性感知的核心因素也获得了全面认真的研究。下面以博尔顿（Bolton Lisa E.）[1]等人的研究成果来介绍此方面的进展。

---

[1] Bolton Lisa E., Warlop Luk and Alba Joseph W., Consumer Perceptions of Price (Un)Fairness, Journal of Consumer Research, 2003, 29, 474-491.

1. 过去价格与公平性感知

消费者在购买决策中大量使用某一过去价格来评价现在观察到的价格,或以现在的价格预测未来的价格趋势(Briesch et al., 1997; Jacobson and Obermiller, 1990)。研究表明,消费者常常忽视通货膨胀的压力,而低估价格变化。博尔顿以实证研究证实,通货膨胀时,消费者更易低估通货膨胀的压力,而非高估,以致高估厂商的利润和价格的不公平性。

2. 竞争者价格与公平性感知

卡尼曼等人(Kahneman et al., 1986b)的研究表明,竞争者的价格常在消费者决策中作为交易参考。根据双重权利原则,高价格常引起高质量的感知。但是,在更宽泛的环境中,存在着很多可归因于价格与利润的因素,博尔顿通过实证的方式研究了消费者对此类因素的理解与行为反应。结果表明,消费者对同一品牌商品在百货大楼与折扣店之间的价格差异更多地归因于利润,其次归因于质量;而对不同品牌商品的售价差异则较多地归因于质量。同时也揭示出,在厂商的价格不是因自身原因而变化的情境下,消费者为同等质量商品而付出更高价格的支付意愿,比受厂商价格策略的驱动而支付高价的意愿要高。

3. 厂商成本与公平性感知

近来研究指出,厂商成本的感知也影响着消费者对价格公平性的感知。厂商成本通常由商品制造成本、销售成本、人工成本等各环节成本共同组成。博尔顿的实证研究结果显示,大多数消费者并不拥有清晰并可用于评价的商品成本模型,也就难以自发地进行商品中所包含的各类别的成本判定。极端情况下,即使提供给消费者清晰的价格成本构成,消费者也难以准确地评测出商品的成本。不过,研究也表明,消费者所获悉的成本因素越多,对价格的公平性感知也会相应增加。

但是,并不是消费者对所有成本的了解越多,其价格公平性感知就会越强。比如,在获知价格的提高是因为支付高级管理层更高薪酬而致时,消费者则明显感知价格的不公平。

2.2.3　价格环境对消费者行为的影响

厂商常将他们昂贵的商品以最醒目的方式呈现给顾客,比如超市一般将价格最高的商品摆放在与眼睛同一水平的位置,以便于顾客第一眼就能观察到。厂商的行为方式都基于消费者将先观察到的商品作为随后的参考因素,即商品环境为后面的商品评价提供了标准。研究表明,商品所处的产品与环境特性将影响消费者的决策行为。

2.2.3.1　价格环境与消费者价格感知

某些研究人员（Briesch，1997）系统地评价了价格环境对消费者行为的影响。不论消费者对价格环境的感知主动与否，价格环境或多或少地影响着其价格行为。

一些研究证明，价格环境的影响以消费者主动感知的方式影响价格行为。林奇（Lynch，1991）等人证实价格环境的作用取决于消费者价格感知的范围。这一价格感知过程要求消费者主动对比价格环境与感知范围的特征，从而决定所观察到的价格是否影响其评价标准。价格环境研究也发现，消费者所观察的价格环境如不在其感知范围内，消费者会主动识别为不相关因素（Manis and Paskewitz, 1984; Parducci, Knobel, and Thomas, 1976）。

除价格环境的主动辨识外，消费者也在一定程度上表现出受价格环境的被动影响。在许多检验价格环境激励作用的研究中，价格环境默认为比较标准的基本构成。更有甚者，将价格环境直接作为同一条件下的目标影响因素（Manis and Paskewitz, 1984; Parducci et al., 1976; Ostrom and Upshaw, 1968）。拉希米（Adaval Rashmi）等人[①]的实证研究清晰地揭示出，价格环境参与消费者的价格感知标准的形成是一种潜意识活动，并在一定时间范围内具有相当的参考价值。同时，他们的研究也证实了，无论价格环境因素表现形式如何，如价格与重量等，都将影响到消费者随后的价格评价。另外，在其研究中也说明了，消费者对价格环境因素的参考整合，是为了记忆对于价格的"高"或者"低"的模糊感知，而不是更清晰的某一价格数字。这一点在其他学者的研究工作中也获得了证明（Dehaene, 1992; Dickson and Sawyer, 1990; Monroe and Lee, 1999）。

2.2.3.2　价格环境与消费者价格行为

价格环境不但影响着消费者对商品价格的感知，同时也引导着消费者的价格行为。目前研究检验了价格、数量与时间限制因素对一些零售促销策略的影响（Inman, Peter, and Raghubir, 1997），如低价保证与交叉价格弹性效应等。

2.2.3.2.1　低价保证效应

低价保证（Low Price Guarantee，简称 LPG），可以被定义为零售商提供的某产品或某组产品最低的可能价格，同时承诺不高于本地市场的任何较低价格。该承诺通常包括退还卖方价格与较低价格之间的差价。因为需要在一个持续的基础上来维系该承诺，所以违背承诺所招致的损害可能包括对自身惩罚的外在成本或丧失声誉的含蓄惩罚，或者两种兼有（Boulding & Kirmani, 1993）。

[①] Adaval Rashmi and Monroe Kent B., Automatic Construction and Use of Contextual Information for Product and Price Evaluations, Journal of Consumer Research, 2002, 28(3), 572-588.

由于保持承诺的成本,消费者有理由推断只有当企业确实能够在绝大多数情况下提供最低的市场价格时,才会做出此承诺,否则企业是不可能这样做的。

在交易双方多数场合处理非对称信息的前提下,基于信息经济学的信号理论可以帮助理解 LPG 效应(Kirmani and Rao, 2000; Spence, 1974)。销售企业通常处理消费者不占有的重要信息,如产品质量和实际市场价格分布。当缺乏重要信息时,消费者一定会收集额外的信息或者做出关于未知或缺失信息的参考。一种克服该信息不对称的方法是对于一方传递或在某种程度上发出确保是真实的信息。看到的信号是有效的和可靠的信息,它必须涉及成本或者合并的成分,使得企业发出不可靠或不真实信号会代价很大。

作为一种有效的市场信号,LPG 帮助消费者区分那些因为较高的成本或者不同的战略导向而不能提供这种政策的企业和使用每日价值定价政策的企业,这将使得消费者在两方面受益。第一,消费者能够更加准确地评价额外搜寻的收益。依赖低价信号,消费者能够使用价格信息作为较高的判断暗示来增加市场价格分布的知识,特别是最低市场价格。这些知识减少了打算购买的非确定性,同时降低了额外搜寻的需要。第二,LPG 提供了影响感知价值的金钱和非金钱成分的信息。作为一种"价值信号",一个 LPG 提供了最低可获得价值的证据。此外,与减少搜寻相关的是涉及购买决策、搜寻成本和感知风险等非价格因素的减少(Zeithaml, 1988)。

比斯沃斯(Biswas Abhijit)等人[①]的研究以实证的方式检验了零售广告中的低价保证效应。实验发现,一个广告中的 LPG 导致了更高的价值感知和购物意图。这些发现也表明 LPG 效应很可能受诸如参考价格和商店价格形象等其他价格暗示的影响。当参考价格低或者缺失时,一个 LPG 产生了高的价格感知和购物意图。另外实验也说明,特别是当 LPG 是由一个低价格形象的商店提供时,搜寻更理想价格的意图较低。对于高价格形象商店,一个 LPG 增加了价格感知和购物意图,同时也增加了搜寻意图,这预示着在某种程度上LPG 是一把双刃剑。

2.2.3.2.2　交叉价格弹性效应

交叉价格弹性,反映了相应于其他商品价格的变动,消费者对某种商品需求量变动的敏感程度,其弹性系数定义为需求量变动的百分比除以另外商品价格变动的百分比。交叉弹性系数可以大于零、等于零或小于零,它表明两种商

[①] Biswas Abhijit, Pullig Chris, Yagci Mehmet I. and Dean Dwane H., Consumer Evaluation of Low Price Guarantees: the Moderating Role of Reference Price and Store Image, Journal of Consumer Psychology, 2002, 12(2), 107-118.

品之间分别呈替代、不相关或互补关系。

互补商品之间，弹性系数小于零。对于互补商品来说，一种商品的需求量与另一种商品的价格之间呈反方向变动，所以其需求交叉弹性系数为负值。比如照相机和胶卷，录音机和磁带等是功能互补性商品，它们之间的需求交叉弹性系数就是负值。一般情况下，功能互补性越强的商品，交叉弹性系数的绝对值越大。

替代商品之间，弹性系数大于零。对于替代商品来说，一种商品的需求量与另一种商品的价格之间呈同方向变动，所以其需求交叉弹性系数为正值。如茶叶和咖啡，橘子和苹果等，这些商品之间的功能可以互相代替，其交叉弹性系数是正值。一般来说，两种商品之间的功能替代性越强，需求交叉弹性系数的值就越大。

此外，若两种商品的交叉弹性系数为零，则说明 X 商品的需求量并不随 Y 商品的价格变动而变动，两种商品既不是替代品，也不是互补品。

实践中理解和应用交叉价格弹性对学者与市场人员都有着积极的意义。以往的实证研究文献强调非对称性在交叉价格效用中倾向于高市场份额的品牌。也就是说，当高市场份额的品牌进行折扣时，对低市场份额品牌的影响比低市场份额品牌促销时对高市场份额品牌的影响要大。赛斯拉曼（Sethuraman Raj）等学者[①]的研究指出在评估非对称性时，关注交叉价格弹性并以之决定价格促销中利润的增长是不恰当的，认为非对称性应该在纯粹的交叉价格效用中被考查，也就是说，某品牌单位价格的改变会改变竞争性品牌的市场份额。最终，他们在理论与实证上证明，考虑纯粹交叉价格效用时，非对称性颠倒了。也就是说，低市场份额品牌价格的下降或者高市场份额品牌的促销对纯粹交叉价格效用的影响比高市场份额品牌价格的下降或低市场份额品牌的促销要大。

2.2.4　消费者行为对市场价格的影响

2.2.4.1　消费者价格行为特征

社会生产和供给商品，最终都是为了满足人们的消费。消费者购买商品的行为是价格行为的重要方面。因而深入研讨消费者的价格行为，对进行价格研究非常有必要。

一般情况下，消费者所能支配的货币有限，商品需要也是由多层次构成的，如生存需要、发展需要等、享受需要等，另一方面，现代市场上商品种类繁多，

[①] Sethuraman Raj and Srinivasan V., The Asymmetric Share Effect: An Empirical Generalization on Cross-Price Effects, Journal of Marketing Research, 2002, 39(3), 379-386.

且可相互替代。消费者如何以适量货币购买到最称心如意的商品，也就是说既要价格合理又要对商品满意。消费者为此权衡利弊，以实现效用最大化的目的，即构成了消费者价格行为的动机。

根据消费者购买过程，将消费者价格行为划分为需求决策、了解市场、比较决策、决定价格、价格实现和买后感受等六个过程。不同的价格行为过程所感受到的价值都会影响消费者的消费决策过程。近来研究显示，交易感知价格、交易态度、主观节省感知、客观节省感知、主观搜寻意图及客观搜寻利益，这六项感知与态度是影响消费者行为的重要变量。

2.2.4.1.1　感知

根据罗宾斯（Robbins）为感知所下的定义，感知是指一种程序，经此程序，将感官接收的印象加以组织及解释，以使外在的环境具有意义。为何要去探讨消费者感知，因为人们的行为是基于他们对事实真相的感知，而非事实本身。这在参考价格领域中，具有很重要的意义，因为参考价格的主要目的就在于给予消费者有意义的刺激，进而影响消费者对于商品的感知。

感知过程分为两个阶段。第一阶段是通过感官与外在环境的接触，接收到有关于人、事、物的信息；第二阶段是信息的解译过程，在这个过程，来自外界信息的刺激会被赋予社会—心理的意义，这些意义对行为动机产生影响。由于消费者未满足的需求与动机会刺激他们并影响他们的感知，所以消费者会选择性地去注意外在刺激，并主观合理地解释所接触到的刺激，及赋予其社会—心理意义。所以，感知过程是具有选择性的，选择性地注意及解译，以明确消费者的态度，使态度和动机趋于一致。

影响感知的因素包括：感知者本身、感知的目标物及感知形成的环境，如图 2.9 所示。

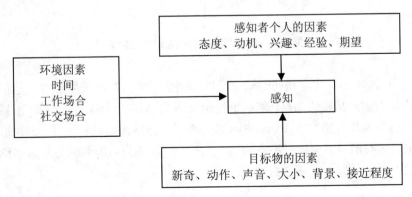

图 2.9　影响感知的相关因素

2.2.4.1.2　态度

根据罗宾斯（Robbins）的定义，态度为对人、事、物所抱持的正面或反面评价。它反映了个体对人、事、物的看法。态度主要由三个方面构成，即感知、情感及行为。

1. 感知要素：是指个人对某事物的信念，此信念来自个人本身的思想、知识、观念或学习。

2. 情感要素：是指个人面对某事物所触发的一种情感上的反应，亦即对事的好恶、爱恨等感觉。

3. 行为要素：是指对特定人、事、物所表现出的某种特定行为的意图。

态度虽常被视为是上述三种要素结合而成，但一般而言，所谓的态度基本上是指情感的部分。

2.2.4.1.3　感知价值

门罗（Monroe）认为消费者的感知价值是一种感知利益与感知牺牲的抵换关系（tradeoff），公式如下：

$$感知价值 = \frac{感知收益}{感知货币牺牲}$$

公式中的感知收益是感知品质的函数，感知品质则与价格有正向的关系。门罗曾提出几个模式，表示售价如何通过消费者感知货币牺牲、感知品质来影响购买意愿，如图 2.10 所示。

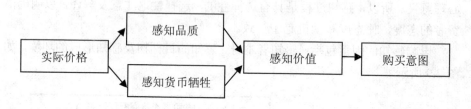

图 2.10　价格与感知价值在概念上的关系

图 2.10 与公式有相同的概念，即当消费者购买产品或服务时，他们会以价格作为感知品质的指标，然而价格也同时是感知货币牺牲的指标。感知价值是由感知品质与感知货币牺牲相比较得到的，但感知品质较高时，感知价值也较高，这时消费者会比较愿意购买。此外，门罗认为品牌名称与商店名称也是产品品质的指标，如图 2.11 所示。

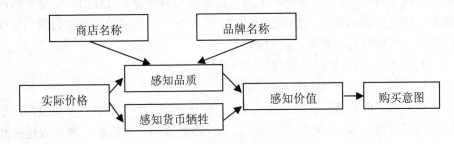

图 2.11　价格与感知价值在观念上的关系

约瑟曼（Zeithaml，1988）将消费者购买此产品时付出的时间成本、搜寻成本、安装成本等非货币成本概念纳入了感知货币牺牲中，约瑟曼的模式也认为感知价值是由感知品质及感知价格的关系所决定，感知品质是指消费者对一个产品整体优点的判断。而感知价格则是指消费者为了得到一个产品所放弃或所牺牲的，包括商品价格及非货币成本。感知价值则是指消费者基于从此产品所得到的及所付出的作一整体性的效用评估，而此整体性的效用即为感知价值。由上述文献探讨可知，感知价值受感知品质及感知货币牺牲影响，进而对购买意愿产生影响。

2.2.4.2　市场价格策略对消费者行为的反馈

2.2.4.2.1　消费者行为对厂商价格广告的启示

在今天的消费环境中，消费者在接触到零售商参考价格广告的同时，一定也会得到许多其他竞争对手的商品广告所带来的价格信息。根据先前参考价格的定义可知，这类其他品牌的广告价格信息也属于参考价格的一种，根据适应水平理论，当消费者面对外来刺激时，其内部参考价格可能会改变，因此这类信息会对消费者的内部参考价格产生影响，进而影响到参考价格广告的效果。因此，商品提供商在制定价格策略时，应更多地考虑消费者对相似商品价格信息的利用程度，来判断商品定价是否符合目标消费群。

曾有学者验证竞争对手的商品价格会在消费者对目标商品价格的反应过程中产生影响。他们认为竞争对手的商品价格可以帮助解释目标商品价格所具有的影响力。特别是他们发现当竞争对手的商品价格高于目标商品的广告价格，且广告价格的来源可信度高时，目标广告价格对于消费者的参与程度及购买意图有较大的影响。但此研究只探讨了竞争对手的价格信息对于评估目标商品售价的影响，未考虑目标商品广告若以参考价格的形式呈现，其可能发生的交互效果。比斯沃斯和布莱尔（Biswas and Blair，1991）不但证实当竞争对手的售价高于目标商品时,竞争对手的广告可提高消费者对目标商品交易价值的感知,其交易态度增强,搜寻意图减弱,并同时发现对手的售价也会削弱目标广告中参考价格对消费者的影响力。

2.2.4.2.2　消费者价格行为与情境价格

1. 情境中语义线索与价格感知

适应水平理论所提到的情境线索,一直是价格促销广告中不可缺少的一部分,门罗（Monroe,1990）指出若提供价格促销的相关信息,可有效地提高消费者对于广告参考价格的信心,进而提高消费者对促销商品的节省感知。而广告参考价格是否对消费者的内部参考价格具有影响力,广告参考价格的合理性是关键因素,情境线索的使用提升了广告参考价格的合理性（Della Bitta et al.,1981）。比斯沃斯和布莱尔（Biswas and Blair,1991）认为外部参考价格改变内部参考价格的能力与情境因素有关,价格促销广告的情境因素包括:广告中价格诉求的位置与大小、价格表述的语意内容、消费者对品牌的熟悉程度及商店的定价、声誉等。

语义线索是多种情境线索之一,语义线索扮演的角色是负责把商品价格折扣信息传递给消费者。简言之,语义线索就是参考价格的表达方式。在价格促销广告中,消费者可通过语义线索的情境,接收到价格的焦点信息。例如,"原价XX元,现在特价YY元"之类的广告,XX元和YY元就是焦点信息,而"原价,现在特价"就是语义线索。而在过去情境线索的研究中,探讨语义线索的多是讨论参考价格应该以原价标示好,还是以市价标示好（Berkowitz and Walton,1980; Della Bitta et al., 1981; Lichtenstein and Bearden, 1988; Lichtenstein and Bearden, 1989; Lichtenstein et al., 1991）。而语义线索的效果须视消费者如何把其语义归类（Berkowitz and Walton, 1980）。有些比较性价格广告的语义线索是具体的,有些则是抽象的。具体的语义线索像是"原价XX元,现在特价YY元",可以很明确地让消费者了解广告商品原先是以多少的售价卖出,而抽象的则像"价值XX元,现在特价YY元",是含混不清的价格表达方式。格雷瓦尔等人（Grewal & Marmorstein, 1994）就曾说明不同的语义线索,会提供不同程度的资讯,进而影响消费者的感知及行为反应。而福克斯（Folkes,1990）的研究发现,消费者对主观及抽象的广告表述会抱着较怀疑的态度。在商品定价中,有研究发现,借助定义比较抽象及模棱两可的折扣来拉大价格表述,其可信度会较低且效果也较差。但是比斯沃斯和布莱尔（Biswas and Blair, 1991）也发现在一些案例中,抽象的折扣表述方式和明确的折扣表述方式是一样有效的。而根据特维尔斯基和卡尼曼（Tversky and Kahneman, 1981）的锚定与调整架构,语义线索或焦点线索都是受测者对未知事物判断的初始点（即锚定点），随后为反映这些信息的内涵而做出调整，但是这个调整通常不能充分反映信息的内涵，而是会引出随后以锚定点方向为基准的评估。在参考价格领域内，广告参考价格就是作为消费者在价值判断过程中调整感知的锚定点，而内部参考价格通常向锚定点调整。因此，此架构可解释为何过高的参考价格（锚定点）在偏离消费者价格感知的情况下，仍能发挥正向的影响力。而抽象的语义线索看似混淆消费者对于售价的感知，但也为消费者提供了判断商品价值的依据。可能消费者会对"价值多少，特价多少"这类线索抱着怀疑态度，但消费者的怀疑态度是否会使得抽象表述对消费者价格感知的效果小于具体表述，仍有讨论的空间。

2. 厂商价格策略与价格感知

商品质量与售价构成商品的价值，而商品价值又直接决定消费者的购买行为。为了提升消费者的价值感知，厂商一贯致力于推行高质与低价商品（常借助于成本的降低）战略。厂商的这一行动也常反映在商品价格呈现形式上，如捆绑式价格与可选择性促销价。因此，市场人员在制定价格策略时，不但应考虑价格策略对销量的提升，而且也应考虑促销时商品将表现出更令人接受的价值趋向。

（1）捆绑与促销策略对价格的感知

价格促销利用捆绑（例如，买一个汉堡包和大杯饮料，只要再加 25 美分就可以得到油炸食品）或非捆绑战术（提供项目折扣）得以呈现。甚至当一个折扣的数额保持不变时，促销折扣的构成能够影响与促销吸引力相关的各种感知。当传递价值的不同层次时，捆绑的折扣累积到一个大的数额就会被明显地感知，而非那些非捆绑折扣所能为。

多兹等人（Dodds et al.，1991）和格雷瓦尔等人（Grewal et al.，1998）的概念模型提供了促销对于价格可接受性、质量、价值和购买意图影响的理论框架（见图 2.12）。该模型提供了除购买意图以外，对于价格、质量和价值感知的捆绑和构成效应的研究。

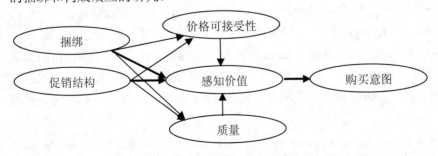

图 2.12　促销构成在价格—质量—价值链条的作用

卡尼曼和特维尔斯基（Kahneman and Tversky，1979，1981）开发的价值函数提供了理解折扣信息捆绑的不同水平对价格感知的概念框架。塞勒（Thaler，1985）提出既然一系列小的收益在全部价值方面比这些收益的总和会被感知得更多，因此收益应该被分开。他基于价值函数在收益上是下凹的前提得出此结论。应该注意到价格削减很可能会被感知为收益（Monroe, 1990）。当顾客把削减后的价格（或减价）与最初价格（或参考价格）比较时，一个价格削减很可能被视为收益。基于此观点，消费者将会期望把一个促销折扣分成多个折扣，那样会更有利于价格的感知（Kachelmeier et al., 1991）。例如，有学者发现当消费者面对多个收益时，他们比起捆绑定价来，更喜欢折扣定价（Kachelmeier et al.，1991）。

价格比较暗示的是包含一个真实的或暗含的参考价格和外在价格的信息暗示（Della Bitta et al., 1981）。以往研究已经发现价格比较暗示的使用影响感知节省和价格的可接受性（Lichtenstein et al., 1991; Rajendran and Tellis, 1994; Urbany et al., 1988）。伯科威茨和沃尔顿（Berkowitz and Walton，1980）发现比较暗示提供的较大数额的节省会更有利于被感知。

塞勒（Thaler，1985）基于前景理论（Kahneman and Tversky, 1979; Tversky and Kahneman, 1981）发展了交易效用的概念。该理论与适应水平理论和同化对比理论（Monroe, 1990）的研究存在关联，作为描述对于感知的参考暗示效应的框架。交易效用来自产品的实际销售价格与产品的预期或公平价格的比较。当销售价格上涨时，会增强消费者的价格预期，通过较高的感知价值可增加交易效用。因此，价格促销方式的构成很可能随着参考价格不同层次而变化，同时很可能被分别进行评价（Heath et al., 1996）。

价格促销构成的方式很可能影响消费者对于价格、质量、价值和购买意图的感知。在此专门检验了价格促销三种构成的效应，回扣、折扣和自由选择。使用自由选择的折扣构成将会被感知为更可取。例如，消费者面对两种价格促销——"买一送一"和"花一样的价钱得两样"时，更喜欢前者。此外，自由选择相对于大额折扣时，比自由选择相对于小额折扣时更受欢迎。

蒙古尔（Munger Jeanne Lauren）等人[1]通过实证检验了一个促销折扣或价格削减的构成对消费者价格、质量、价值和购买意图的影响。即当折扣的总额不变时，捆绑和折扣构成的不同方式将会对其产生影响。促销折扣通过各种不

[1] Munger Jeanne Lauren and Grewal Dhruv, The Effects of Alternative Price Promotional Methods on Consumers' Product Evaluations and Purchase Intentions, Journal of Product and Brand Management, 2001, 10(3), 185-197.

同的构成方式得以呈现。研究显示，以非捆绑形式出现的促销折扣比以捆绑形式出现的同样折扣更容易被感知，"免费的"产品选择的价格削减比常规的折扣更吸引人，同时常规的折扣效果比部分退款要好。

（2）捆绑价格构成对价格的感知

企业实行捆绑是因为它是市场上不同买方获得消费者剩余的有效战略（Adams and Yellen, 1970）。虽然经济学理论能够通过价格歧视过程，解释捆绑价格效应，但是它并不能解释在捆绑销售中，当价格折扣分配到特定产品时，为什么提供的主观均衡的吸引力不同。例如，假设某公司想提供给消费者购买捆绑产品的额外动机。公司决定捆绑产品 A 和产品 B 后以 12 美元进行销售，这比以往的捆绑价格便宜 4 美元。我们知道专门分配这 4 美元的折扣到产品 A（标价 8 美元）或产品 B（标价 8 美元）将会改变该消费者对于捆绑价值的感知。目前，捆绑价值的感知模型主要有权重的附加模型和参考模型。

①权重的附加模型

亚达夫（Yadav，1994）把折扣分配的不同收益归为捆绑中一个或另外的产品，消费者使用不同权重（wi）来把捆绑（$V=\sum w_i \cdot v_i$）中单个产品提供的价值（vi）相加。关于相加的不同权重值，两个对立的假设已经做出。第一，亚达夫（Yadav，1994）认为捆绑中的某个产品自然地将会更加重要；因此，该产品的折扣对捆绑评价的影响最为重要。亚达夫认为人们浏览一个捆绑来识别最重要的或关键产品，在给出的价格上评价该产品，然后评价捆绑中的其他产品，他们就是这样不断更新对捆绑的评价。第二，亚达夫（Yadav，1994）坚持当产品评价被加总时，捆绑中最有价值的产品将会获得更多权重。例如，亚达夫（Yadav，1994）发现在对喜欢的杂志和讨厌的杂志的捆绑中，消费者情愿获得喜欢的杂志的折扣，而非讨厌的杂志的折扣。亚达夫认为在捆绑的全面评价中，喜欢的杂志的评价拥有更高权重，同时该产品的折扣会有更高的评价。

虽然权重的附加模型提供了价格折扣框架效应引人注目的解释，但是该模型确实有一些缺点。第一，当价值被整合时，预测捆绑中哪个产品将会获得更高的权重通常还是困难的。安德森（Anderson，1991）提出信息呈现顺序、信息显著性和个体差异，能够影响消费者在各个组成之间分配权重的数量。在决定捆绑中最重要产品的这种机动性上面，意味着该解释是难以伪造的。第二，一个权重的附加模型含蓄地假设一个不变的效用函数。换句话说，A 产品 4 美元的折扣应该与 B 产品 4 美元的折扣有着相同的效用。有趣的是，效用函数的假设提供了价格折扣框架效应的另一种解释。

②参考模型

消费者选择的参考模型提出选择是在参考状态下被判断的（Tversky and Kahneman, 1981）。该模型依赖于价值函数的三个特征：第一，价值函数是在参考点而非财富最终状态的基础上来定义收益和损失；第二，以参考点为界，价值函数对于收益是渐小的边际利润（凹度），而对于损失却是增大的边际成本（凸度）；第三，价值函数在损失时比在收益时更陡，即损失规避。

参考模型提供了人们为什么偏好把捆绑中的价格折扣分配到一个或其他产品中的另一种解释。但是该模型也有一些不足：第一，它通常很难预测在任何特定前景下的价格参照。虽然容易把参照假设为产品的参考价格，但是最初的出价容易作为参照。第二，在既定出价下，某产品的主观评价存在个体差异。

亚尼塞夫斯基·克里丝（Janiszewski Chris）等人[①]的研究成果得出，折扣的感知价值取决于每种产品的相关参考。其论文中以六个实验证明了：价格折扣的效果可以用参考点来解释，参考点的依赖和产品的重要性决定了价格折扣的效果。

2.3 基于参考价格的消费者价格评价研究

顾客对价格、质量和价值的感知被认为对顾客购买行为和产品选择有决定性影响。在过去的十年里，营销研究一直关注于这些概念以及它们之间的联系，因为它们在如今竞争加剧的市场环境中起到了决定性的作用（Woodruff, 1997）。虽然相关文献在这方面已经做了一定的工作，分清了这些概念的含义（Zeithaml, 1988; Woodruff, 1997），并且改进了测度程序，但是结论仍带有一定的争议性，特别是价格概念以及其在购买行为中的运用还有待于进一步研究。

目前，价格概念以及其在购买行为中运用的研究对价格的界定还相当模糊，可以概括为以下方面。第一，虽然价格总被认为是价值构成的单一维度，但仔细看一下消费者从产品中所获取效用的不同分配，以及对评价判断的公平感感知就会发现价格比看起来的还要复杂，并且在以很多不同的方式影响着全面的价格评价。因此，许多细微的不同导致了价格概念的多维属性。第二，在

---

① Janiszewski Chris and Cunha Marcus, JR., The Influence of Price Discount Framing on the Evaluation of a Product Bundle, Journal of Consumer Research, 2004, 30(3), 534-546.

价值感知和全面价值的关系之间形成了一些不同的价值测度程序。在这点上，随着理论上的争论对建立在线性和对称性关系基础上的质疑也产生了，其目标对准了包含价值属性感知和全面价值评价复杂关系假设的新价值函数。帕杜拉·乔凡娜（Padula Giovanna）等人[①]在此方面进行了有益的探索，并通过实验验证了价格作为价值的一个多维因素的理论基础和价格属性感知与全面价格评价之间的关系。但是价格作为衡量价值的一个重要因素，现在的研究显然还面临许多的未知，如价格多维属性间的相互关系及其对消费者价格行为的影响等方面，因此检验这些有关价格属性的研究对扩展对于价格的认识将是非常有价值的。

2.4　本章小结

本章通过对参考价格理论和应用研究领域的概念性与经验性研究文献进行回顾和梳理，评述了当前的研究状况，并确认了基于参考价格的消费者价格评价研究的关键点，总结如下：

（1）价格研究成果显示价格具有多维结构，即廉价性、公平性和多样性。并且三个不同维度属性影响全面价格评价的方式因维度的不同而各异。但此不同价格维度是否在不同行业与商品上都具有对应的作用方式及价格属性相互间的影响程度尚需要进一步研究。

（2）通过综述消费者剩余理论、前景理论、心理账户理论等相关理论研究成果，结合消费者参考价格认知与价格行为基础，对所识别出的三个价格属性进行基本剖析。同时也认识到，虽然研究所揭示的单一维度的价格属性与消费者参考价格及价格行为之间的关系已相对清晰，但是全部维度的价格属性与消费者参考价格及价格行为之间关系的理解依然亟待更细致研究。

（3）现代消费者行为与理性"经济人"的偏离愈来愈明显，价格行为也常常显示出特殊的价格偏好。反映到价格属性上，即具体的某一消费行为表现出受某一价格属性更多的影响。因此，如何揭示这一现象也需要今后的研究对此进行探索。

（4）消费者参考价格的建立标准与调整方式也受控于他们在价格评价过程

① Padula Giovanna and Busacca Bruno, The Asymmetric Impact of Price-Attribute Performance on Overall Evaluation, International Journal of Service Industry Management, 2005, 16(1), 28-54.

中价格环境的影响。消费者行为的参与程度和与价值评价过程相关的专业知识，显然对价格环境具有明显的反应，价格环境的调节效用是否对价格各属性都具有影响力，目前研究对此问题的回答较为欠缺。

（5）基于参考价格的消费者价格属性的研究，可以建立以消费者的视角为出发点的全面价格评价。特别是这种价格属性的扩展似乎在价格理论和关系营销之间架起了一座桥梁，准确而又合理地理解消费这个价格行为对企业定价与价格策略都将具有积极意义。

第 3 章 消费者价格基础理论分析与模型构建

在价格评价研究中，参考价格作为衡量价值的一个重要因素，已经引起了一些研究者的关注，但对于基于参考价格的消费者价格全面评价的研究，显然还存在许多的未知。尤其是价格多维属性间的相互关系及其对消费者价格行为的影响等方面的研究，还没有研究者进行探讨。本章将在对原有理论基础和理论依据进行分析的基础上，提出基于参考价格视角的价格全面评价理论模型，并对理论模型进行简要介绍和逻辑分析。

3.1 消费者价格行为基础理论分析

基于参考价格的消费者价格全面评价框架的提出有广泛的理论基础。目前，在价格评价研究中得到广泛应用的理论框架包括消费者剩余理论、公平理论、前景理论、心理账户理论等。下面将对这些相关理论进行阐述，以此作为本研究理论体系构建的基础。

3.1.1 价格廉价性与消费者剩余理论

根据营销研究文献，一种产品或服务的感知价值由获取价值和交易价值组成（Monore, 1990）。泽斯曼尔（Zeithaml, 1988）首先对获取价值概念的含义进行有益的探索，把价值定义为消费者对建立在"得到什么"和"付出什么"概念基础上某产品效用的全面评估。在这里，价格是获取某产品所放弃或牺牲的东西，并且当质量难以感知时，它仍被认为是利益获取的一个替代物。

消费者愿意支付（他/她的最高价格）与他/她实际支付（供应商要求的价格水平）的差额就是消费者剩余。所有事情都是公平的，消费者不会以高于最大付出的价格购买某一产品，也就意味着，存在一个正向的或零消费者剩余的价格水平。换句话说，消费者的价格评价将会依赖价格水平与最大付出之间的差额，也就意味着，在一个特定价格水平时，将会取决于消费者从产品中获取的效用。考虑到消费者从产品中获得的效用是各不相同的，他们对价格水平的评价也是相当主观的，这源于特有的消费者需求。因此，价格一直被认为是单一结构——价格廉价性（一次购买的昂贵性或廉价性）——由价格层面感知价值的单一衡量尺度。

3.1.1.1　消费者剩余产生的原因

消费者剩余是怎样产生的呢？萨缪尔森认为，消费者剩余的产生根源于边际效用递减规律，他认为，"一种物品的总效用及其总市场价值之间的差额被称为消费者剩余，之所以会产生剩余是因为我们'所得到的大于我们所支付的代价'，这种额外的好处根源于边际效用递减规律"。而边际效用递减规律作为一个"根据内省而得出的结论"，对它的进一步探究和在经济学上的证明并不多见。那么，边际效用递减是否就是消费者剩余产生的最终根源呢？

让我们假设这样一个例子：一个在沙漠中因长途跋涉而焦渴难耐、背着一大袋金钱而苦于找不到水源的旅人，在走出沙漠时与水的供给者之间在不发生暴力的情况下所进行的交易活动。因为第 1 加仑的水极其有用，能够消除极度的饥渴，消费者愿意为它支付 9 美元（即消费者价格是 9 美元）。但是这一加仑水的真实代价只不过是水的市场价格 1 美元，于是，消费者就从中得到了相当于 8 美元（9 美元-1 美元）的消费者剩余。假如第 2 加仑的水对消费者来说值 8 美元，但水的成本依然为 1 美元，于是消费者又从第 2 加仑的水的购买中获得了相当于 7 美元（8 美元-1 美元）的消费者剩余。如此推论下去，直到第 9 加仑的水，它对消费者来说只值 50 美分，消费者剩余为负，从理论上来说，消费者不会购买这 1 加仑的水，而在第 8 加仑水上，消费者达到了均衡（消费者购买了全部消费者剩余）。

从消费者对水的购买行为中我们可以看到，尽管消费者为购买 8 加仑的水只付了 8 美元，但消费者从 8 加仑水的购买中却得到了价值 44 美元（9 美元+8 美元+7 美元+6 美元+5 美元+4 美元+3 美元+2 美元）的总效用。这样，消费者也就得到了超过其支付额 36 美元的消费者剩余，即图 3.1 中的阴影部分。由于在购买行为中，消费者总是按照最后一单位的价格支付全部单位的价格，因此他们得到了成本之上的（图 3.1 中 1 美元×8 加仑的面积）效用剩余。然而，消费者剩余作为一种额外的效用，只是一种心理感觉。如上分析，这并非消费者真的得到了 36 美元的现钞，而是得到了价值 36 美元的福利感或满足感。然而正是这种满足感或福利感，对消费者来说，如同亚当·斯密所说的"看不见的手"一样，左右着消费者的购买行为，从而影响着市场上的需求。

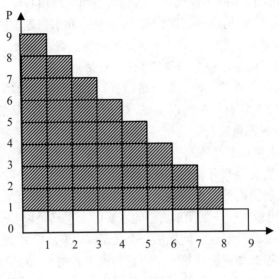

图 3.1

交易活动可能会出现四种情况：一对一，一对多，多对一，多对多。其中一对一、多对一两种情况由于供给者的单一都会产生垄断，因而不是完全竞争，必然会发生垄断高价。一对多、多对多这两种情况，因为供给者多且供给的物品多，因而存在完全竞争的可能性（只是有可能性，但是不一定必然是完全竞争）。

完全竞争作为一个模型所需要的条件很多，常见的有"经济人"假设、完全理性假设、充分信息假设等，而对于完全竞争来说，这些假设条件仍然是不够的。事实上，在过去的和未来的经济学发展中，仍然会有新的假设条件被添加进来。

在前面的例子中，如果没有供给者多元化且物品大量供给这一条件，那就只能出现一对一、多对一两种情形，即一个供给者面对一个或一个以上的消费者时，具有完全理性、充分信息、"经济人"人格的供给者是不可能以完全竞争条件下的价格出售其商品的，价格只能是垄断高价。即使消费者的需求量很大，站在消费者个人生理或心理的立场上，边际效用递减仍然是存在的，但由于垄断高价的存在，使得消费者宁愿支付而不愿得不到此物的价格和实际的市场价格之间的差额很难产生（在前述例子中，旅人为了获得救命所需的 1 加仑水可能需要付出他所有的金钱）。或者，即使有差额产生，这一差额也必将大大减少，但这里的变化与边际效用递减之间并没有直接的必然联系，而与供给者的状况、供给者是否多元化且物品能否大量供给紧密地联系在一起。所以，边际效用递减的原因可能不仅仅在于消费者主观生理和心理上评价的变化，这一递减与供给、供给结构也有密切的关系，在钻石和水问题的解释上引入供给、供给结构的差异是必要的，也有助于更好地理解消费者剩余。如果这一条件存在，则供给状况转化为一对多、多对多这两种情形，由于有众多的供给者构成利益多元化主体，且物品（如水而不是钻石）存在大量供给的可能性，因而竞争得以展开，完全竞争有可能得以实现，竞争的结果使得物品的价格不断降低，这一价格离消费者愿意支付的价格越来越近，正是因为具有完全理性、充分信息、"经济人"人格而且还占有一定量物品的每一个供给者都知道，如果他要的价格太高，消费者会离开他去找别的供给者，别的供给者可能以较低的价格出售。因此，水的价格得以很快地降低，因此旅人用来满足他的最大愿望（救命）——边际效用最大——的第 1 加仑的水实际上也只是以 1 美元的价格购买。

另外，这里还涉及对这一问题的一个反证，如果消费者剩余是由边际效用递减所引起的，那么如何解释第一个单位的消费者剩余。对于旅人的第 1 加仑的水来说，剩余是最大的，但这时边际效用尚未递减，递减只是未来可能产生的一种趋势。或许可以用经验事实进行推断，所有人喝水时效用都是递减的，旅人喝水的效用也必将递减，但这依然只能解释边际效用在未来时间里将会发生递减，消费者剩余会越来越少，而不能解释第一个单位物品中庞大的消费者剩余的来源，由此可以看出，消费者剩余的产生必然另有原因。从经济思想的发展来看，作为新古典经济学奠基人的马歇尔和作为新古典综合派代表性人物的萨缪尔森对这个问题都有所涉及。马歇尔在《经济学原理》中提出消费者剩余的概念后，接着是这样论述的，"他从以低价购买他宁愿支付高价而不愿得不到的东西中得到的利益，可以称为他从他的机会或环境，或者借用几代前常用的一个字，从他的时机中得到的利益"。在这一论述的脚注中，他进一步指出，"这个名词是法国经济学中一个常用的名词，它适应了英国经济学所深切感觉到的那种需要。因为唯一可用的代替语'机会'和'环境'有时会令人误解。据瓦格纳说，时机就是技术、经济、社会和法律条件的总和；这些条件在基于分工和私有财产——尤其是在土地和其他物质的生产资料方面的私有财产——的国民经济之下，决定货物的需要和供给，从而决定货物的交易价值；这种决定通常或至少大体上，是与货物所有者的意志活动和疏忽无关的"。

萨缪尔森关于消费者剩余这一概念在"消费者剩余的应用"这一标题之下也作了进一步的分析，他谈道："消费者剩余的概念还指出，现代高效率社会的公民享受着巨大的特权。消费者很容易忽略他能以低价购买许多品种繁多的非常有用的物品。"

上述说法可以使人谦虚。如果你知道某人以非常高傲的姿态为他的高生产率和实际收入水平而骄傲,那就要让他冷静下来进行思考。如果把他送到一个原始的荒无人烟的岛上,那么,即使他的全部技能和精力依然如故,他的货币收入又能买到什么?实际上,没有资本设备,没有丰富的资源,没有其他人的劳动,更重要的是,没有一代又一代积累的技术知识,他个人又能生产出多少东西?很显然,我们所有的人都从我们从来没有建造的经济世界中取得利益。

正如霍布豪斯所说:"某些企业的老板们认为,他们由于'自我奋斗'获得成功并且'创造'了自己的企业,而在事实上,是整个社会向他们提供了技术工人、机器、市场、安定和秩序——这些范围广泛的条件和社会环境是千百万人经过许多代的努力创造出来的。如果把这些社会因素统统去掉,那么,我们只不过是一个赤身裸体的野蛮人,靠采野果、打野兽为生。"

在回顾了马歇尔、萨缪尔森的论述之后,进一步分析这个问题,可以总结出以下几点:

第一,水的实际市场价格 1 美元是作为竞争结果而出现的,这个结果的出现应当是建立在一系列博弈的基础之上,所以或许可以用博弈论的方法来分析这一结果的产生过程。

第二,这里涉及以知识或科学技术要素为代表的共同财富的问题。当以价格作为标准来衡量效用时,共同财富的问题应当如何处理?从传统经济学关于要素和利润的观念中我们知道,知识或科学技术并没有以独立要素的身份进入成本结构并获取与其贡献相适应的报酬。在消费中我们同样看到,人们并不都是以谦虚的态度认识到"我们所有的人都从我们从来没有建造的经济世界中取得利益"这一点,所以,由知识和技术等要素所带来的以外部正效应形式存在的那一部分效用实际上并没有被价格机制所衡量出来。

第三,应该说问题还不致如此,为了更好地分析这一问题,我们有必要引入科斯的交易费用概念和社会成本思想,对于交易费用,科斯认为是获得准确的市场信息所需要付出的费用,以及谈判和经常性契约的费用。阿罗将它界定为:交易费用是经济制度的运行费用。新古典经济学的完全竞争模型是科斯定理所假定的交易费用为零的状况,如果从零交易费用的世界走向正交易费用的世界,站在供给者的角度可以看到包括度量、界定和保证产权(即提供交易条件)的费用、发现交易对象和交易价格的费用、讨价还价的费用、订立交易合约的费用、执行交易合约的费用、监督合约执行的费用、维护交易秩序的费用、制裁违约行为的费用等在内的一系列费用虽然客观存在,但并没有计入供给者的生产成本之中。长期以来，对于供给者来说，他的生产性支出主要是由土地、劳动、资本三要素所引起的地租、工资、利息三项费用所构成的，其他所得基本上均以利润的形式计入收益项下，虽然上述这些社会成本究竟是如何承担的尚需进一步的分析和研究，但现在我们可以看到的是由于私人成本和社会成本不一致（个人利益和社会利益之间常常存在着矛盾），社会成本没有明确地被计入成本之中，因而供给者在提供物品时的成本被大大低估了。这一现象所带来的结果具有隐蔽性和滞后性的特点，故长期以来为人们所不察。或许我们的子孙后代会体会得比我们更为深刻，如果真的出现那么一天，当他们在未来某一时候张着干渴的嘴捧着空空的碗而找不到水源的时候，他们会想起并正确回答当年亚当·斯密在《国富论》中感到为难的著名问题，他问道：为什么像水那样对生命如此不可缺少的东西具有如此低的价格，而对生命并非不可少的钻石却具有如此高的价格？

综上所述，消费者剩余产生的根源并不是边际效用递减规律，边际效用递减和物品供给者的多元化且大量供给一样只是它得以产生的不可缺少的条件，真正的根源恐怕是在于成本问题。

成本结构完全与否成为这里至关重要的一个理论问题。马歇尔所说的"机会""环境""时机"，就其实质来说是一个成本问题。作为技术、经济、社会和法律条件之总和的时机涉及的是某一特定时空条件下，社会成本的承担问题。就这一问题来说，社会成本并不是由该时空条件下的人们所独自承担的，应该还包括另外的两个方面：一方面是知识或科学技术作为独立要素所代表的前人的积累，就像子女的成本有许多是由父母亲所承担的一样，一代又一代的人们——作为我们的祖先——承担了我们消费中的一部分社会成本。另一方面，从资源的稀缺性特别是绝对稀缺性的角度来说，在前述的例子中，当我们以 8 美元的市场价格消费 8 单位的水所具有的 44 单位效用时，作为消费者剩余存在的 36 单位效用的提供同样是需要成本的，这里的成本主要是由作为后人的我们的子孙后代所承担的。换言之，我们在消费中作为剩余获得的免费收益有很大一部分是从我们的子孙后代那里预支来的。

3.1.1.2　影响消费者剩余的主要因素

许多年来，不少理论家一直关注消费者剩余理论，其目的通常是弄清楚哪些因素会对消费者剩余造成影响。

1. 垄断对消费者剩余的影响

西方经济学认为，垄断导致产量减少、资源浪费和技术上的低效率。垄断使消费者剩余向生产者剩余转移。处于垄断地位的厂商作为谋求垄断利润的组织，必然造成较低产量和较高价格，使消费者剩余减少，并造成社会性损失（即无谓损失）。哈伯格对垄断引起的社会福利损失进行了测度，提出了"哈伯格三角"（Harberger, 1954）。塔洛克认为"哈伯格三角"没有全部包括垄断引起的福利损失，并提出了"塔洛克方块"（Tullock, 1967）。波斯纳对"塔洛克方块"进行了数学化处理和实证检验。

2. 政府规制对消费者剩余的影响

政府规制一般都有维护公共利益的目标，但是因为每一项规制措施出台的背后都有多种力量的博弈，在实际过程中却往往偏离这一目标。奥尔森提出了著名的"集团规模"理论。他认为，政府对某个产业的监管从设计到实施首先从被监管对象的利益出发，并非从公共利益出发。斯蒂格勒提出"监管市场"理论，认为所有的监管制度同样由需求和供给来决定，政府对产业的监管调控进程往往被少数存在利益相关性的厂商所左右。佩兹曼认为，产业部门比消费者更能够积极地去影响政府决策。小的利益集团比大集团更容易组织，它们能比大集团表现出就某项规制政策更强烈的偏好。由此，规制将倾向于保护小的利益集团，而以牺牲大团体的利益为代价。

3. 寻租对消费者剩余的影响

寻租与消费者剩余之间有内在的联系。冯（Fung）分析了"对人为剩余的寻求"，这种剩余包括两个部分：消费者剩余和生产者剩余。帕伦特（Parente）和普雷斯科特（Prescott）研究发现，如果要素提供者共谋成为下游厂商的垄断供给者，使得均衡产出是应用较落后的技术来实现较低的效率，将使得穷国相对更穷，而消除垄断权力会使得相关行业的国内生产总值提高 2 倍以上。

4. 税收对消费者剩余的影响

不合理的税制减少消费者剩余。超额负担问题是西方财政理论最古老的问题之一，杜普伊在 1844 年的著作中已进行了论述。20 世纪初，西方财税理论界开始用马歇尔的基数效用理论来分析超额负担问题，从而成了所谓的马歇尔式超额负担理论。其核心是以消费者剩余理论为基础，说明课税扭曲了被课税商与其他商品的消费选择，并由此造成超额负担。哈伯格于 1962 年在《公司所得税的归宿》中提出了"三角形"超额负担理论，并进行数理推导，得出了在线性需求曲线条件下测定超额负担的计算公式。

5. 国际贸易和关税对消费者剩余的影响

一个国家不一定能真正从国际贸易中获益。如果消费者从国外厂商所生产的产品中得到的利益大于国内生产所遭受的损失，即国内消费者剩余的增加大于国内生产者剩余的减少，那么进行国际贸易就是有利的。进口税变化对消费者剩余、生产者剩余和社会福利的损益都有影响。布朗德（Brander）和斯宾塞（Spencer）开创了战略进口贸易政策研究。他们假设生产完全替代品的一个本国企业与一个外国企业在本国市场上进行古诺式竞争，则关税一般会提高本国福利。

3.1.2　价格公平性与前景理论

价值的另一个组成——交易价值意味着感知价值（Monroe, 1990）。交易价值意味着当前既定价格的获取价值与在其他价格（参考价格）下可能的获取价值之间的对比。这个价值概念建立在消费者对照性地价格判断的基础上，例如，他们对照参考价格进行价格评估。参考价格可被定义为与所见价格相关的任何价格。参考价格可以是外部的和内部的。外部参考价格经广告、目录或消费者价格指南等渠道提供给消费者（Della Bitta et al., 1981）。内部参考价格或者是存储于消费者头脑中的记忆（Klein and Oglethorpe, 1987），或者是他们认为那些"合理的"价格（Thaler, 1985）。后一种参考价格对实际价格判断的影响意味着建立在公平基础上的感知过程。

3.1.2.1　价格认识与公平理论

认知失调理论提出当个体的认知因素与他人不一致时，存在一种认知失调状态（Festinger L., 1957）。同样，它假设当这种情况出现时，个体会产生对恢复均衡的需要。失调可以由各种因素引起：决策制定、强迫顺从、面对失调信息和与他人不一致。当个体面临认知失调时，一些模式可以被用来恢复一致：矛盾抑制、支持、其他的矛盾、目标修正、同僚的贬低、选择性地呈现和选择性地避免。

公平理论涉及认知失调的一个特别解释。公平理论提出个体在社会交换关系中，在投入产出比率方面与他人进行比较。当与参照物相比，在交换关系中，感知的投入和/或产出在心理上与应该的投入和/或产出不一致，这被认为不公平。在认知失调情况下，当一个人在一种社会交换关系中感知不公平，一种动机会产生以恢复公平或者平衡。一个人可以使用一些方法来减少不公平：

①如果与产出相关的投入和与恰当参照物相关的投入低时，就增加投入。

②如果与产出相关的投入和与恰当参照物相关的投入高时，就减少投入。

③如果与投入相关的产出和与恰当参照物相关的产出低时，就增加产出。

④如果与投入相关的产出和与恰当参照物相关的产出高时，就减少产出。

⑤不管交换模式。

⑥心理上扭曲投入或产出。

⑦扭曲参照物的投入和产出。

⑧改变参照物。

消费者行为认知失调的研究与公平理论的应用之间存在着一个基本的差异。涉及认知失调的消费者行为研究主要关注个体与产品之间的关系。相反，公平理论研究关注一个群体过程和利益的公平分配。伯恩斯坦（Burnstein）和卡茨（Katz）认为公平理论涉及"两个比率的关系：（1）个体与他的投入相比，所得到的利益；（2）与其他人的投入与所得利益的比较"。假设这个人是顾客，在群体过程的其他人比如说是其他的顾客、售货员或者零售商店。认知失调理论关注于个体认知和避免失调动机之间的关系。在一个双重关系中，公平理论涉及分配公正的基准，例如成员的愿望涉及利益（收益—成本）是否公平分配。公平，在这种方式下比"产品价格的公平"更简单。在公平理论中，有关公正的一个因素（Burnstein, E. and Katz S., 1972）被认为在交换过程中呈现。这种交换关系存在于买方和卖方之间。

3.1.2.2　早期行为价格研究

1738 年，丹尼尔·伯努利（Daniel Bernoulli）试图给圣彼得堡（St. Petersburg）悖论提供一个解决办法，他认为在一项冒险的数学预期（mathematical expectation）和精神预期（moral expectation）之间存在差异。也就是说，他认为金钱收益的每一均等增加产生了与个人当前财富不成比例的一个优势。从这个观察出发，可以得出效用是财富的一个对数函数的结论。事实上，这个关系导致了金钱收益的一个单位的效用不及同样一个单位的金钱损失效用。通过伯努利的观察，能够得出两个基本观点：（1）金钱的感知价值（效用）因它是感知为收益还是感知为损失而各异，同时（2）收益或损失在价值方面感知的数量取决于个人以往的价值（或财富）地位。价值或财富的以往地位是进行比较或作为参考点的基础。

随着相关研究的进一步开展，在 19 世纪，精神物理学的学者们对个体如何注意到物理刺激的不同产生了兴趣。韦伯（Weber）提出任何刺激的恰当的值得注意的差异（just noticeable difference）与该刺激的大小是成比例的。在 1860 年，费希纳（Fechner）扩展了这个假设，提出感觉的大小与刺激本身和把恰当的值得注意的差异作为感觉的一个单位成比例。虽然一些经济学家注意到心理学的发展，但是他们极少加以利用。有趣的是，马歇尔似乎接受了伯努利和韦伯的主张，提出他们可以用于不同的收入阶层。在他最初的 1890 年经济读本中，他认为一个收入阶层比另外的收入阶层富有 10 倍，在一既定金钱数量下，该阶层获得的幸福感仅仅是另外阶层的 1/10。

3.1.2.3　现代行为价格研究

行为心理学家通过大量实验研究发现人的决策并非都是理性的,其风险态度和行为经常会偏离传统经济理论的最优行为模式假设,并得出结论认为人在决策过程中不仅存在直觉偏差,还存在框架依赖偏差,经常会在不同的时候对同一问题做出相互矛盾的选择。

1. 确定性效应（certainty effect）

这个效应是指相对于不确定的支出来说,个人对于结果确定的支出会过度重视。卡尼曼和特维尔斯基设计了两个问题来说明确定性效应。第一个问题是,假设有两个实验:第一个实验有33%的机会得到2500元,66%的机会得到2400元,另外1%什么都没有；第二个实验是确定得到2400元,问卷的结果显示有82%的受访者选择第二个实验。第二个问题也假设有两个实验:第一个实验有33%的机会得到2500元,67%的机会什么都没有。第二个实验有34%的机会得到2400元,66%的机会什么都没有。问卷的结果显示有83%的受访者选择第一个实验。比较以上两个问题可知,根据预期效用理论,第一个问题的偏好为 $u（2400）>0.33u（2500）+0.66u（2400）$,即为 $0.34u（2400）>0.33u（2500）$。而第二个问题的偏好却是 $0.34u（2400）<0.33u（2500）$,明显出现与预期效应理论相悖的情况。

人们在面临不确定性时的选择表现出一些与传统的效用理论不符的特征。在特定情况下,人的效用函数低估一些只是具有可能性的结果而相对高估确定性的结果,卡尼曼称之为确定性效应,它直接导致人们面临条件相当的损失时更加倾向于冒险赌博（风险偏好）,而面临条件相当的盈利前景时更倾向于接受确定性的盈利（风险规避）。

2. 反射效应（reflection effect）

消费者考虑负的支出的时候,即损失将发生时,可发现个人对收益和损失的偏好刚好相反,称为反射效应。个人在面对损失时,有风险偏好的倾向,对于收益则有风险规避的倾向。这和预期效用理论并不一致,可以看出个人注重的是相对于某个参考点的财富变动而不是最终财富的预期效用。再用两个实验来说明反射效应。假设有这样两个实验:

第一个实验有80%的概率得到4000元,第二个实验是确定得到3000元,问卷的结果显示有80%的受访者选择第二个实验。若将收入改成负的,即第一个实验有80%的概率损失4000元,第二个实验是确定损失3000元,问卷的结果显示有92%的受访者选择第一个实验。从前者可得到 $0.80u（4000）<u（3000）$,从后者可得到 $0.80u（-4000）>u（-3000）$。

人们在面对盈利前景时，确定性效应使人具有风险规避的偏好行为，而在面对可能的亏损前景时，确定性效应使人具有风险偏好的特征。

3. 分离效应（isolation effect）

若一组实验可以用不止一种方法被分解成共同和不同的因子，则不同的分解方式可能会造成不同的偏好，这就是分离效应。设计一个两阶段的实验来说明分离效应。在实验的第一个阶段，个人有 75%的概率会得不到任何奖品而出局，只有 25%的概率可以进入第二阶段。到了第二阶段又有两个选择：一个选择是有 80%的概率得到 4000 元，另外一个选择是确定得到 3000 元。从整个实验来看，个人有 25%×80%的概率得到 4000 元，有 25%的概率得到 3000 元。对于这个两阶段实验的问题，有 78%的受访者选择得到 3000 元。但是若问受访者另一个问题："假设你有两个选择：20%的概率得 4000 元和 25%的概率得到 3000 元"，大部分的人会选择前者。由此可知，在两阶段的实验当中，个人会忽略第一个阶段而只考虑到第二个阶段的选择，即有短视的现象。在这种情况下，个人面临的是一个不确定的实验和一个确定的实验。若只考虑最后的结果和概率，个人面临的是两个不确定的实验。虽然这两种情况的预期值相同，但是由于个人不同的分解方式，会得到不同的偏好。由此可知，若以预期效用理论的观点来看，这两个实验是相同的，个人的选择应该相同。但是实际上却不是如此，个人会因为问题描述方式的不同而有不同的选择。

人在分析评估不同的有待选择的前景时，经常暂时剔除掉各种前景中的相同因子，而通常情况下剔除方法并不是唯一的，这种处理问题方法的多样性也会导致人的偏好与选择的不一致，称之为偏好的分离效应。分离效应推翻了期望效用理论中效用仅仅与事件的最后状态（概率分布和事件结果）有关的结论。

3.1.2.4　前景理论

前景理论的核心思想是人们在心里将购买决策"构建"为一个收益和损失的组合体。他们如何构建购买决策将影响感知选择的吸引力。前景理论认为，当购买者感觉某一价格带来的是"损失"而不是"收益"时，他们对价格很敏感；当价格是被分割支付而不是整体支付时，他们对价格更加敏感。

卡尼曼和特维尔斯基认为，人们在不确定条件下做判断依赖于四种启发原则。这四种启发原则（heuristics）包括：代表性（representative）、可得性（availability）、锚定与调整（anchoring and adjustment）、小数法则（the law of small number）。人们在现实的判断决策中常常依赖这些"直觉经验"，而且这些经验推断方法往往十分有用。它们使得估计概率和预期值的复杂任务大大简化了，但有时它们会导致判断偏离理性。现实生活中人们经常凭直觉决策，利用直觉使决策变得简单了，但同时也容易犯错误。

1. 代表性启发原则

它是指人们凭经验已经掌握了一些事物的"代表性特征"，当人们判断某一事物是否出现时，只看这一事物的"代表性特征"是否出现，而忽略了先验概率的影响。人们简单地用类比的方法去判断而导致的认识偏向，被称之为代表性偏向。如甲事件相似于乙类事件，则甲就属于乙，与乙同类。事件甲相似于乙类事件的程度越高，属于乙类事件的可能性也就越高。使用代表性进行判断往往会导致过度自信。股票市场上的"龙头股"现象就是使用代表性偏向进行判断的结果。一个板块的"龙头股"的上升或下跌，经常带动板块内的其他股票的上升或下跌。

代表性偏向的第一种表现是，人们常常对先验概率不敏感。卡尼曼和特维尔斯基做过这样的实验，把参加实验的人员分成两组，让两组人员对100位专业人士的职业（工程师或律师）进行判断：

第一组："这100位专业人士中有70位工程师和30位律师。从中任取一位，他的名字叫Dick，他已婚无小孩。有很强的工作能力和自我驱动力，在专业领域很有潜力，和同事关系融洽。请问他是工程师的概率是多少？"

第二组："这100位专业人士中有30位工程师和70位律师。从中任取一位，他的名字叫Dick，他已婚无小孩。有很强的工作能力和自我驱动力，在专业领域很有潜力，和同事关系融洽，请问他是工程师的概率是多少？"

实验结果是：两组的判断结果相差很小（都是0.5左右的概率）。这表明人们几乎全都是根据个性描述的特征去判断，忽略了两种职业占总人数的比例。这一现象和贝叶斯定理假设——人们会毫无偏见地运用先验概率来做决策不符。与贝叶斯定理假设不同，人们在判断时受到新信息的干扰，往往就忘掉了已有的重要信息，或不能区分信息的重要程度，从而导致判断出现偏差。

代表性偏向的第二种表现是，判断者不能正确理解统计样本大小的意义。对全部样本进行统计的结果才是真正的结果，样本的数量愈接近真实的数量，统计的结果也就愈可信；样本愈小，与真实数量相差愈大，统计的结果愈不能反映真实的结果。如果把用小数量样本进行统计得出的结果看成是真实的结果，判断自然会产生偏差。

代表性偏向的第三种表现是，人们常常认为事物发生的频率应该依照其概率分布，否则这种频率的发生概率就很小。比如，拿投掷5次硬币来讲，人们经常错误地认为出现"正—反—正—反—正"是常见的，而"正—正—反—正—正"不如前者常见，得出出现前者的机会比后者的机会高的结论，其实，两者出现的概率都是（1/2）^{5}。

代表性偏向的第四种表现是，人们对做预测的难易程度不敏感，即人们在做决策时会被一些与预测相关性很小的因素所迷惑。比如一个投资者在看到了一条关于某公司现有绩效的赞美性描述后，在判断这只股票是否会盈利时，这种赞美性的描述就占了很大的权重。同样的事实也可以用中性的语言描述，两种语言的描述会影响投资者对股票盈利预期的判断。

代表性偏向的第五种表现是，判断者会有一种可得性幻觉。可得性幻觉是指人们在面对一组描述某事件的信息时，经常会忽略掉不熟悉或是看不懂的信息，只凭自己能够理解的、熟悉的信息去做出判断，这些忽略掉的信息可能是关键信息，自己能够理解的信息可能对判断来说是不重要的。特别是一些冗余的信息，容易引起人们的注意。但事实上在做决策的时候，手头资料的相关性越小，对准确判断越有利。

代表性偏向的第六种表现是，人们有时不理解回归的意义。一个人一直在股票投资上表现平平，突然有一天有了一次不同寻常的获利，就认为自己从此之后就有能力一直会这样出色地表现下去，但接下来的一次投资又回到平均回报率，此时这人会为再回到平均状态寻找各种借口，而没有意识到回报率总是围绕平均回报率波动这一事实。

2. 可得性启发原则

它是指人们倾向于根据客体或事件在感知或记忆中的可得性程度来评估其相对概率，容易感知到的或回想起的客体或事物被判断为概率更高。这容易造成可得性偏向，即当人们需要做出判断时，往往会依赖快速得到的信息，或是最先想到的信息，而不是去挖掘更多的信息。人们在使用可得性进行判断时，从记忆中最先搜寻到的信息往往成为判断的依据。比如，当一个人评估中年人突发心脏病的风险时，最先想到的是他所熟悉的人发病的情况，并有可能依此做出判断，而不是去收集更多的有关心脏病的信息。

卡尼曼和特维尔斯基认为可得性偏向又分为四种表现形式：

第一，由事件的可追溯性（retrievability of instances）所造成的可得性偏向。具体而言，以下四种因素会影响人对记忆的搜索：（1）过去事件发生的频率，事件发生的次数越多，人们越容易记住（你可以不假思索地判断一月份下雪的可能性比十月份高）。（2）对事件的熟悉程度，人们倾向对自己熟悉的事件做出判断（足球迷会很快地对足球队的输赢做出判断）。（3）事件的不同寻常性，不同寻常的事件留下的深刻记忆，更容易让人记住（连续十个跌停板的股票比连续三个跌停板的股票更容易记得住）。（4）事件发生的时间，越近的时间记忆越清楚（目睹一次交通事故后你会马上紧张起来，随后又慢慢地放松下来）。以上四种情况会影响人们对事件的正确判断。比如人们一度受到"9·11事件"的影响而不敢选择飞机作为交通工具，但事实上飞机的事故死亡率是所有交通工具中最低的。

第二，由于被搜索集合的有效性（effectiveness of a search set）所造成的可得性偏向。人们在搜索记忆中的信息集合而做出判断时，常常取决于某一信息集合能反应到脑海中的有效性，有的信息集合不能有效地反应出来，判断者就会形成认知偏向。比如被问及"在英语单词中，以 r 为首字母的单词多（如 road），还是以 r 为第三个字母（如 car）的单词多?"时，许多人认为是前者多，但事实正相反。造成这种系统性偏差的原因是，搜索以 r 字母开头的单词集合比搜索以 r 为第三个字母的单词集合更方便。

第三，由于想象力（imaginability）所造成的可得性偏向。人们在对某件事物的发生频率做估测时，由于对该事物不熟悉，只能借助于对相关信息的搜索，以此在脑海中形象地构筑、计算不熟悉事物的发生频率。比如有以下一道问题：在 10 个候选人中选出 K（2<K<8）位评审委员会委员，请问选法有多少种？在做估测的时候，如果 K=2，人们会两两分组，将 10 位候选人分成 5 组。而当 K=8 时，10 位候选人连两组都分不到。人们很容易得出 K=2 时可选项较多，当 K=8 时，可选项较少。实验证明当 K=2 时，人们的估测平均值为 70，而当 K=8 时，估测平均值是 20。但事实上两者的选择种数都为 45 种。由于想象力的作用，人们会高估或低估某些事件的发生概率。

第四，由于幻觉相关（illusory correlation）所造成的可得性偏向。幻觉相关是指当 B 事物在 A 事物之后发生，会给人造成一种这两者之间有一种因果关系的幻觉。比如当连续两个雨天股市全线上涨，第三天转晴股市下跌，某些人就会在第四天根据天气情况判断股市的涨跌。

3. 锚定与调整原则

在判断过程中，人们最初得到的信息会产生锚定效应，锚定效应是指当人们需要对某个事件做定量估测时，会将某些特定的数值（比如以前的股票价格）作为起始值，这些起始值就像"锚"一样使估测值落于某一区域中。如果这些"锚"定的方向有误，那么估测就会产生偏差。锚定效应也有三种体现：

锚定效应第一种体现是不充分的调整。不充分的调整是指，人们在估测某一数值的时候，会受到某些起始数值的影响，做出不准确的估测。比如以下实验，要求两组人分别通过心算快速给出以下两个乘式的答案：

第一组：$8 \times 7 \times 6 \times 5 \times 4 \times 3 \times 2 \times 1$

第二组：1×2×3×4×5×6×7×8

在时间有限的条件下，人们会跳过许多计算步骤，只是先推算一个值，然后加以适当的调整。第一组的乘式是降序排列，起始几个数字之积较大；第二组的乘式是升序排列，起始几个数字之积较小。由于人们的不完全理性，在判断时人们对初始的推算值常常不能做出准确的、充分的调整。因此实验结果显示，第一组人对降序的乘式平均估值为512，第二组人对升序的乘式平均估值为2250，而准确的乘积应该为40320。

锚定与调整原则强调了初始信息或基准信息在个人对信息评价中产生的偏误，人们往往夸大了他们认为重要的信息或容易认知的信息，而忽视了其他信息，这也在一定程度上解释了消费者在时间压力下，或是解读信息有困难时快速决策的偏误。

锚定效应还对许多商品估价产生影响。旧车交易就是一例：比如顾客知道奔驰某款新车的价格是120万元，但对该款旧车的价格却无法估计，车行销售员就先开一个接近120万元的价格（锚定一个高价），然后再把价格慢慢地降下来，让顾客觉得价格比较便宜，值得购买。

锚定效应第二种体现是在连续和非连续条件下的估测偏向。研究认为，人们偏向于高估连续事件发生的概率，而低估非连续事件发生的概率。比如有这样一个研究，参加实验的人将得到一个机会：在两种游戏中的一个下赌注。实验中有三种游戏供研究者选择：

第一种是简单游戏：从红白球各占50%的暗箱中取得一个红球算赢。

第二种是连续游戏：从红球占90%，白球占10%的暗箱中，有放回地取7次，每次都取到红球算赢。

第三种是非连续游戏：从红球占10%，白球占90%的暗箱中，有放回地取7次，至少有一次取到红球算赢。

结果显示，当人们在简单和连续游戏中做选择时，大多数人会选连续游戏（获胜概率为：$(90\%)^7=0.48$）；而当人们在简单和非连续游戏中做选择时，大多数人会选简单游戏，尽管非连续游戏的获胜概率有0.52（$1-(90\%)^7=0.52$）。可见人们选择的都是获胜概率较低的一个游戏。造成这种现象的原因是，每一次可能获胜的这个概率（连续游戏中为0.9，非连续游戏中为0.1），作为一个初始值在人们脑海中留下了锚定作用，使最后的概率判断向该初始值靠拢，从而造成判断的偏差。

在生活中对连续性事件发生概率的高估，会导致对某一计划的成功过分乐观。在完成一项计划的过程中，只要某一个环节出错或有所延误，就会导致整个项目的失败或延期。同样的道理，对非连续性事件发生概率的低估，会导致不能充分意识到某一复杂运作体系出问题的真正风险大小。就拿人体自身来说，尽管身体的每部分得病概率很小，但由于构成整个人体的细胞、器官众多，所以得病的概率并不小。而人们会被每部分得病的小概率数值所"锚定"，而低估了个人得病的概率。

锚定效应第三种体现是主观概率分布的估测偏差。这是指人们在估测某一数值的置信区间时，这一心理置信区间往往过于狭窄。假设现在需要一位专家估测一年后的某股市指数，X_{10} 表示真实值将低于 X_{10} 的概率为 10%，X_{90} 表示真实值将高于 X_{90} 的概率是 10%，也就是说真实值将落于（X_{10}，X_{90}）的概率为 80%。这一领域的很多研究表明，最终得出的真实值往往不是低于 X_{10}，就是高于 X_{90}，平均偏差达 30%。这表明人们在估测不确定事件概率分布时，的确会产生较大的系统误差。造成这一现象的原因是：在估计置信区间时，人们往往先得出一个指数的期望值，然后分别向下和向上调整得到 X_{10}、X_{90}，而这种心理调整往往不充分，导致了主观置信区间过于狭窄。

4. 小数法则

1971 年，卡尼曼和特维尔斯基揭示了小数定律现象。通俗地说，小数定律是指人们认为一个小样本将具有与大样本近似相同的概率分布。

1982 年，卡尼曼与特维尔斯基设计了一个著名的实验。他们向被测试者设计了以下问题：某一小城镇有两家医院，在较大的医院每天有 45 名婴儿出生，在较小的医院每天有 15 名婴儿出生。正如人们所知大约有 50% 的婴儿是男孩。然而精确的百分比每天都有变动，有时高于 50%，有时低于 50%。以一年为期限，每家医院记载了每天出生婴儿 60% 为男孩的天数。试问哪一家医院所记载的天数多？22% 的被测试者认为，较大的医院记载的天数更多，56% 的被测试者认为天数将是相等的，22% 的被测试者认为，较小的医院记载的天数多。正确答案是较小的医院记载的天数多。卡尼曼和特维尔斯基认为，从这个例子可以看出大多数被测试者依据小数定律推断出小医院和大医院每天出生婴儿的 60% 为男孩的概率相同。这显然是错误的。

按照统计学的大数定律，一个随机变量样本均值的概率分布是以该变量的平均值为中心进行分布的。并且当样本数不断增加，样本值的方差趋近于零。然而，按照心理学的小数定律，人们认为一个小样本的均值也是以平均值为中心分布的。这就导致了所谓的从少量独立观测中做出的"过度推断"。现实生活中，有许多人们遵循小数定律的例子。比如说，当一个投资者观察一个基金经理的业绩表现时，如果投资者发现该经理人连续两年业绩超过平均水平，投资者就会推断该经理人具有超凡的能力，从而做出投资决策。

行为经济学的上述研究成果说明，在现实的判断决策行为中，人们解决问题的有效方法是依靠一系列的判断和启发原则，不可能获得所有必要的信息是靠理性做出的判断。人们非理性判断决策遵循一定的认知心理定律，这对传统的"理性人"假说提出了挑战。

3.1.3　价格多样性与心理账户理论

3.1.3.1　价格多样性的市场表现

由于市场本身的不同，顾客评估从产品中获取效用的不同得以呈现，并随着价格差异政策一直影响着价格实践。

在通过顾客和产品的消费者剩余的分配中，很难提供关于该实践的最优价格战略（Adam and Yellen, 1970）。围绕下列假设达成了很多共识：顾客最高价格的分布越是不同，对于某一特定顾客，通过一系列产品，就越需要不同的价格战略（组合捆绑战略），因此允许顾客选择捆绑或独立的价格。例如，假设一个复杂的产品（如系列软件，包括基础版本、高阶数据、表格、图像、数据录入等），如果市场显示出不同的顾客需求，一个组合策略则被认为是最优的方法。顾客对于全部组件感兴趣将会从捆绑价格中受益，因为捆绑价格低于单个价格的总和。那些只对基本组件感兴趣并从额外的组件中获得低效用的消费者，将会认为单个的价格选择更具有优势，只要是捆绑价格高于产品基础版本的价格，就会是此情况。

移动通信行业被描述为具有高价格差异性。在这个行业，服务围绕着一系列交易而展开，各个服务维度因一系列交易的不同而各异。由移动通信运营商提供的典型的移动通信服务是一系列的价格计划（或一系列价格交易），每个意味着不同服务维度的特定定价组合。例如，呼叫在一天中的时间，呼叫使用的网络，等等。这个价格策略可以通过移动通信市场的不同特性来解释，如一天当中通信量不同的消费者，经常呼叫的类型，等等。因此，不同的价格计划导致消费者不同的付出。

这种情况在其他行业也变得相当普遍。在银行部门，过去几年为了适应不同消费者（如年轻人、家庭等）的需求，推出了新的服务来应对竞争。这个战略造就了价格差异业务的兴起，因为它使得很多服务因定价不同而各异。

回到软件捆绑的案例中，根据终端用户的需求购买不同软件的客户，很可能不仅仅根据每个选择的价格水平进行评价，而且还会涉及从中选择的可能性，考虑差异化定价对于全部购买成本优势的影响。相同的结论可以由其他的案例得出。在移动通信行业，价格的多样性在顾客价格评价的过程中起着重要作用的假设被认为是合理的，因为这增加了顾客在将来获得一个有利选择的事实。至于银行业，顾客会发现价格的差异性，因为同样的关系将会给不同的需求以相应的解决办法（他们儿子/女儿的银行账户，适应特定家庭需求的银行服务，甚至于特殊专业人士的银行服务），即某个顾客对于金融服务提出了特殊要求。

　　以上这些案例和理论框架（消费者剩余的不同分配），价格评价过程是如何形成已经作为一个问题得以解决。这个问题组成如下：通过选择一些定价手段进行评估的可能性，或者顾客只关注于他们最后支付的价格层面。在一般情况下，消费者的效用差异把价格评价扩展至其他方面，诸如价格评价的相关方面与价格层次的关系如何？消费者对于获取产品付出的全面评价是通过价格层次感知获得的吗？应该怎样考察其他的价格维度？

　　虽然价格差异研究已在文献中大量出现，但是价格的多样性很少被认为是价格评价的一个方面。近来已有部分学者，尝试以公平理论的基础进行此方面的研究。然而，笔者认为公平理论对价格概念的含义还没有得到充分开发。

3.1.3.2　心理账户理论

　　在第 2 章心理账户理论研究进展评价中，已着重阐述了心理账户理论不同于经济学的特定运算规则。接下来将以塞勒教授的实例来更细致地分析心理账户理论另一个本质特征——心理账户的非替代性。正是由于心理账户的这两个本质特征，造成了人的经济行为与经济学理性假设的背离，即非理性特征，进而表现为价格行为上的多样性。

　　3.1.3.2.1　心理账户非替代性的表现

　　先来看塞勒教授举的一个实例。

　　有两对夫妻外出旅游钓到了好几条大马哈鱼，这些鱼在空运中丢失了，航空公司为此赔了他们 300 美元。这两对夫妻拿了这笔钱找了一个豪华饭店大吃了一顿，花了 225 美元。他们以前从来没有在饭店花过那么多钱。但是如果换一种情况，每对夫妻得到的是他们各自一年的工资增加额 150 美元，这么奢侈的饭局就不会发生了。从金钱的数量来看，不管是航空公司的赔偿款还是年工资增加款，这对夫妻获得的都是 150 美元，为什么人们的消费行为会有如此大的差异呢？

　　上述案例在生活中并不少见，然而却与经济理论相背离。按照经济规则，金钱不会被贴上标签，它具有替代性。但在实际行为中，金钱却常常被归于不同的心理账户系统，不同的账户不能互相替代。在上例中，这两对夫妇显然把这 300 美元划入了"意外之财"和"食品"账户，因此他们的消费行为就一反常态；而如果每对夫妇得到的是每年的工资增加额 150 美元，辛苦挣来的钱理应好好地犒劳自己，可是他们仍然不会用所有的钱去吃一顿奢侈的饭。可见在心理账户中，人们把不同来源的钱分得清清楚楚，意外之财和辛苦挣来的钱不具替代性。人们会把辛苦挣来的钱存起来舍不得花，而如果是一笔意外之财，可能很快就花掉了。

3.1.3.2.2 心理账户非替代性的根源

心理账户非替代性的根源在于人的心理存在一个特定的账户结构，不同类别的心理账户具有非替代性。就其表现形式看，心理账户的账户结构或类别包括：不同来源的财富划归到不同的账户，不同的消费或支出类别划归为不同的账户，不同存储方式的财富也划归不同的心理账户等。

1. 因财富来源不同而设立的心理账户之间具有非替代性

实例 1：本案例揭示的就是人们会根据财富来源的不同划入不同类别的心理账户。因财富来源不同而设立的心理账户之间具有非替代性可以给我们很多启发：为什么赌徒的口袋里永远没钱，原因在于如果输了，口袋肯定没钱，如果赢了，反正这钱也是不劳而获，来得容易，谁愿意存银行呢，不如潇洒痛快地花掉。类似的案例可以帮助政府制定政策。比方说，一个政府现在想通过减少税收的方法来刺激消费。它有两种做法可供选择，一个是直接减收 5%的税，降低税收水平；另外一种是退税，先是按照原来标准收税，在一段时间后返还纳税人 5%的税金。从金钱数额来看，减收 5%的税和返还 5%的税是一样的，但是在刺激消费上的作用却大不一样。人们觉得减收的那部分税金是自己本来该得的，所以增加消费的动力不大；但是退还的税金对人们来说如同一笔意外之财，刺激人们增加更多的消费。因此，对政府来说，退税政策与减税政策相比，前者达到的效果要好得多。

2. 因不同消费支出类别而设立的心理账户之间具有非替代性

以 2002 年诺贝尔经济学奖获得者卡尼曼的"听音乐会实验"来说明这个问题。

实例 2：今天晚上你打算去听一场音乐会，票价是 200 美元，在你马上要出发的时候，你发现把最近买的价值 200 美元的电话卡弄丢了，你是否还会去听这场音乐会，实验表明，大部分人的回答是会去听。可是如果情况变一下，假设你昨天花 200 美元买了一张今天晚上的音乐会票。在你马上要出发的时候，突然发现你把票弄丢了。如果你想要听音乐会，就必须再花 200 美元买张票。你是否还会去听？结果却是，大部分人回答说不去了。不管丢掉的是电话卡还是音乐会票，总之是丢失了价值 200 美元的东西，从损失的金钱上看，并没有区别，为什么人们的选择差异如此之大呢？原因就在于，在人们的心理，把电话卡和音乐会门票分别放在两个消费支出账户中，不同类别的消费支出账户具有非替代性，所以丢失了电话卡不影响音乐会所在账户的预算和支出，大部分人仍旧选择去听音乐会。但是丢了的音乐会门票和后来需要再买的门票都被归入同一个账户，所以看上去就好像要花 400 美元听一场音乐会了，人们当然觉得这样不划算。

3. 不同存储方式导致心理账户的非替代性

再来看塞勒教授举的一个实例。

实例 3：约翰先生一家存了 15000 美元准备购买一栋理想的别墅，他们计划在五年以后购买，这笔钱放在商业账户上的利率是 10%；可是他们刚刚贷款 11000 美元买了一部新车，新车贷款三年的利率是 15%，为什么他不用自己的 15000 美元来购买新车呢？

在实例 3 中，揭示了人们在经济消费上，对额外的开支项目，对已经存入固定账户的钱，人们一般不愿意由于临时购买计划去挪用这笔钱，而是希望通过临时账户或者是其他的方式来筹集这笔钱。对这个家庭来说，存起来准备买房的钱，已经放在了购房这一固定账户上，而当另外一项开支（买车）挪用了这笔钱，这笔专项资金就不存在了。虽然从理性上说，这个家庭的总财富不变。但是人们的心理感觉不一样，因为财富改变了他们在心理账户的位置，固定账户和临时账户具有非替代性。因此，当某笔开支不属于同一心理账户时，人们宁可出高额利息去贷款，也不愿意挪用已有的存款。

3.1.3.2.3 心理账户的局部性

我们通过三种心理账户对三个实验所面对的收益和损失进行评价。考虑如下决策情况：

实验 1 的问题如下：假设你买一件夹克要 125 美元，买一个计算器要 15 美元。售货员告诉你：你要买的计算器在另一家商店只卖 10 美元，但要走 20 分钟的路。你会去另一家商店吗？

88 名被试验者中，68% 的人愿意开车到另一家商店，这样可以为 15 美元的计算器节省 5 美元。

实验 2 的问题如下：假设你买一件夹克要 15 美元，买一个计算器要 125 美元。售货员告诉你说，你要买的计算器在另一家商店只需 120 美元，但要走 20 分钟的路。你会去另一家商店吗？

93 名被试验者中，29% 的人愿意开车到另一家商店，这样可以为 125 美元的计算器节省 5 美元。愿意前往另一家商店的人数比例的显著减少说明心理账户的局部组织（topical organization of accounts）在起作用，因为实验 1 和实验 2 在最小账户和综合账户来看是等同的。心理账户的局部组织使得人们从相对值而非绝对值来评价得失，从而在两个商品价格交换后产生了不同的试验结果。

由此不难发现，人们在决策中会运用三种心理账户，这包括：

①最小账户（minimal account），仅仅与可选方案间的差异有关，而与各个方案的共同特性无关。开车前往另一家商店被框定为节省了 5 美元。

②局部账户（topical account），描述的是可选方案的结果与参考水平之间的关系，这个参考水平由决策的产生背景所决定。相关的局部是"购买计算器"，前往另一家商店的好处被框定为"价格从 15 美元降到 10 美元"。因为这里潜在的节省只和计算器有关，所以夹克的价格没被考虑。

③综合账户（comprehensive account），从更广的类别对可选方案的收益和损失进行评价，即把夹克衣的价格也考虑在一起，那么前往另一家商店的好处被框定为从 140 美元（125 美元+15 美元）降到了 135 美元。

3.2　消费者价格模型回顾

目前研究所应用的消费者价格模型主要有两类，一类为基于各类市场价格形成的消费者价格数量模型，另一类为基于价格属性的消费者价格感知模型。

3.2.1　消费者价格数量模型

过去的研究显示，消费者参考价格既可能来源于记忆，也可能来源于外在刺激。当参考价格模型中使用以往遇到的价格或其他信息时，价格判断被认为是基于记忆的，因为信息是从记忆中得到并且与当前的价格进行比较的（Hastie and Park, 1986; Lynch and Scrull, 1982）。通过比较，当另一品牌的当前价格被用来作为参考价格时，价格判断被认为是基于消费者依赖于外部环境的信息可获取程度的刺激（Biehal and Chakravarti, 1983; Lynch and Srull, 1982）。

以下，将根据消费者参考价格信息构成及其调节因素，即以往购买经历、购买情境、商店环境和产品种类四方面，回顾消费者参考价格模型。

3.2.1.1　以往购买经历为基础的参考价格模型

基于平台数据提供的消费者以往购买信息，参考价格建模使用消费者购买历史作为快速消费品内部参考价格（Internal Reference Price，简称 IRP）的主要决定因素（Briesch et al.,1997）。一个品牌 i 和消费者 H 在购买场合 t 时使用的 IRP 模型如下：

$$IRP_{iHt} = \alpha \times Price_{iH(t-1)} + (1-\alpha) \times IRP_{iH(t-1)} + \beta_{Prom}Prom_{iH(t-1)}$$

该模型中的 IRP 完全是基于记忆的，并受以往价格和促销的影响。前两项反映了以往价格对 IRP 的作用，并且表明是价格期望的最强烈预示。参数 α（0 ≤α≤1）代表以往的价格对 IRP 的近期作用。研究发现，该参数在不同产品种类之间的范围大概在 0.60 至 0.85 之间，这意味着早于上次的购买价格对 IRP 仅有微不足道的直接影响。对低价交易（廉价）的期望越大，对品牌的 IRP 越低（Kalwani et al., 1990）。

3.2.1.2　购买情境对价格模型的调节

虽然 3.2.1.1 中的等式所表现的参考价格模型经常被使用，但它尚未考虑不同情境下的购买。塞勒（Thaler，1985）证明了不同的购买情境下，同一产品的参考点是不同的。比如消费者在不同情境下，快速消费品的购买（如计划的与非计划的，规律的与无规律的）。巴克林和拉丁（Bucklin and Lattin，1991）证明消费者对于店内（in-store）促销活动的不同反应取决于这次购物活动是计划的还是非计划的。卡恩和施米特莱因（Kahn and Schmittlein，1992）发现店外促销（out-of-store）对计划的购物行程中品牌选择决定的影响要大，然而店内促销对无此购物计划的顾客影响要大。贝尔和拉丁（Bell and Lattin，1998）表示大宗购物者在购买单个种类时，缺乏价格弹性，但在选择购买商店时却价格弹性较大。

进一步的研究可以考察以往价格的显著性是否会在 IRP 的构成中随购物类型而变化。以往计划的且有规律的购物时遇到的价格（比起那些非计划的和没有规律的购物）对随后计划的且有规律的购物时的 IRP 有更显著的影响。同样，以往促销购买对 IRP 构成的作用也随购物类型而变化。当购物是计划的并且购物数量多时，店外促销对 IRP 形成比购物是非计划的并且数量少时更加显著的影响。店内促销对非计划的和计划的购买都影响显著。

3.2.1.3　商店环境对价格模型的调节

除了整合以往的信息（如价格），消费者同时整合商店环境的情境信息来形成 IRP。研究情境对 IRP 的影响已成为零售商提供的广告参考点（Advertised Reference Point，简称 ARP）。在很多产品种类中，零售商在购买时间明确地提供 ARP，以便鼓励竞争性的对比或者实际购买价格时间上的比较（过去与现在）（Biswas and Blair, 1991; Lichtenstein and Bearden, 1989）。研究人员认为 ARP 首先被消费者的 IRP 接受，反过来影响购买行为或评价（Lichtenstein and Bearden, 1989; Urbany, Bearden, and Weibaker, 1988）。这个过程如下式所描述：

$$IRP_t = \omega \times ARP_t + (1-\omega) IRP_{(t-1)}$$

假设消费者遇到了以往的 IRP 购买环境，并且在零售商 ARP 的基础上得以调整。权重 ϖ（$0 \leqslant \varpi \leqslant 1$）表示卖方提供的 ARP 对消费者 IRP 的作用程度。ARP 对 IRP 的影响能力受 ARP 的价格有效性影响（Urbany, Bearden, and Weibaker, 1988），ARP 和实际销售价格的差异，以及零售商使用的为了促成销售的语义上的暗示（Lichtenstein, Burton, and Karson, 1991）。

比尔登等人（Bearden, Carlson, and Hardesty, 2003）考察了汽车行业多个 ARP 对判断交易公平性的影响（如卖方的发票价格与生产商建议的零售价格），他们发现与生产商建议的零售价格相比，发票价格更可能被认可。在网络拍卖情况下，与最低的拍价相比，每一次出价都会抬高其拍卖的均价。当拍价和出价同时存在时，出价对最后的成交价格影响较大（Kamins, Dreze, and Folkes, 2004）。

除了 ARP，零售环境提供了其他外部参考价格（ERP）刺激的多种形式，当消费者形成参考点时也会考虑。拉金德兰和特利斯（Rajendran and Tellis, 1994）清晰地构建了一个基于情境的参考价格模型，在模型适用范围的基础上，总结出消费者利用种类中的最低价格作为 ERP。梅休和维纳（Mayhew and Winer, 1992）认为零售商提供的品牌"常规"价格才是 ERP。哈迪等人（Hardie, Johnson and Fader, 1993）提出从以往购买场合选择的品牌当前价格与 ERP 相关。

因为购买环境一般会提供大量的信息，消费者有选择性地把外部信息吸收到他们的 IRP。决定选择性的重要因素是消费者考虑因素的多少。因为消费者会更加关注他们经常购买的品牌，有学者提出了一个用以测量当前价格对品牌购买权重份额的模型（Nazumdar and Papatla, 2000）。对交易价格敏感的顾客在购买场合整合促销品牌的价格时，也带有选择性（Bolton, 1989）。有研究已经表明购买环境并不包括用于判断的价格信息，消费者无意识地整合"伴随"着的价格信息（如完全不相关的价格）（Nunes and Bcatwrigh, 2004）。

3.2.1.4　产品种类对价格模型的调节

有研究指出，3.2.1.1 中的等式所包含的变量对于耐用品和服务是不太适用的。维纳（Winer, 1985）提出了一个耐用品的模型，其中 IRP 是价格走势，当前和预期经济形势（如通货膨胀），未来价格的预测信息，家庭人口统计的函数。例如，对于个人电脑的不同种类，布里杰斯（Bridges，1995）等人发现消费者的价格预期受相同产品种类中技术使用（如处理器速度）水平的影响。

耐用品比快速消费品有着更大的购买间隔，并且耐用品的属性构成、技术使用和价格会相应改变。在以往购买场合获取的信息，对耐用品参考价格构成的影响，将不如快速消费品那样显著。竞争产品的当前价格、经济的和技术的走势很可能对于耐用品是更大的预测因素。此外，与快速消费品相比，选项中的属性和特征变量对耐用品的影响更为显著。因而，耐用品的 IRP 是其属性和特征的偏好函数。

对服务方面参考价格构成的研究有限。服务范围囊括从有规律的间隔购买到那些经常性的购买，以及在购买和消费之间有时会有长时间的间隔（Shugan and Xie, 2000）。因为第一类服务被认为与快速消费品相似，而常使用以往的和竞争性的价格、促销和商店的特征（如商品特许经销店与一个独立的维修店）作为 IRP 的重要因素。对于服务的后一种类型，外在信号（如服务提供者的声誉、口碑、资质）（Bolton and Lemon, 1999）和可感知信号（如提供服务的时间花费）很可能影响着消费者对服务质量以及价格的期望。

服务的另一个种类是消费者做出从某一服务提供者那里购买服务的长期承诺，但消费者的使用率会变化（如有线电视、电话、健康俱乐部的会员资格）。为了考察消费者如何评价连续提供的服务，博尔顿和莱蒙（Bolton and Lemon，1999）提出消费者使用期待支付表现和使用率的一个内在标准（如参考点）进行衡量。消费者以实际支出是否超出（或不到）该心理账户的标准来评估合理性或"公平性"。在支付公平下，收益与损失的评价，将会影响顾客的满意度和服务的使用率。

因为已经表明消费者利用参考点来评估一项服务，探索连续提供的服务其IRP 是如何形成的成为进一步研究的一个相关领域。一个 IRP 的重要因素是服务提供商提供的和消费者采纳的定价计划。当消费者采纳了独立使用固定费用（如网络服务），其竞争性提供商索要的价格将会以此为比较的基础。消费者也可以把固定的费用（如每月）变为预期消费每单位的钱数（如每秒钟的金额），并把它作为控制他们使用模型的 IRP（Bolton and Lemon, 1999）。对于一种完全基于使用的定价方案（如电话卡、使用计算器计量的停车费用），IRP 很可能是基于以往使用支付的加权平均，近期的支付将会获得更大的权重（如3.2.1.1 中等式的前两项）。

当消费者采纳一个对于服务的两部（two-part）定价方案时（如移动通信），

在他们在是否保留两个独立的 IRP（一个是针对固定部分，另一个是针对变动部分）或者把两部分整合为单一的 IRP 上提出了争议。那些可能影响单一 IRP 或多个 IRP 的因素包括：价格固定部分和变动部分的相关重要程度，消费者对支出种类需要控制的花费（如每月的移动电话费单），消费者把他们的花费数额与实际用途的联系程度。当价格的固定部分与变化部分相比较小，并且他们需要控制的预算高时，消费者应保持一个整合的 IRP。然而，当连接消费者价格与用途之间的倾向强烈时，消费者应保持固定部分与变化部分分离的 IRP。

3.2.2　消费者价格属性感知模型

消费者的价格判断，无论是基于记忆还是基于刺激，都受消费者个体消费特性与对某一商品的价格感知差异等方面的影响。而这些影响因素复杂多变且难以细致把握，因此部分学者将目光投向了价格属性方面的消费者价格感知模型研究。不少学者尝试开发与价格评价有关的价格测量多项指标，如价格的合理性（Voss et al., 1998）等，其中帕杜拉（Padula Giovanna，2005）等人基于消费者剩余理论和公平理论的消费者价格评价研究成果为研究的前沿代表。

帕杜拉（Padula Giovanna，2005）等人通过实证研究表明价格是一个多维结构，即由价格廉价性、价格公平性和价格多样性三个维度构成。其研究证明：价格公平性影响价格评价的方式符合前景理论的预期；然而，廉价性与全面价格评价之间的关系是线性的，因此前者对于后者的影响从购买廉价性的表现上看是独立的；在价格多样性情况下，这种关系变成了非对称，因为当表现高时价格多样性对全面价格评价的影响则高，反之亦然。

顾客满意大致可分三种类型（Matzler et al., 1996; Oliver, 1997）：（1）基本的属性（保持满意）是最低要求，这符合前景理论假设；（2）表现属性，描述为属性水平和全面满意之间存在线性的对称关系；（3）兴奋属性，描述为正向的不对称，当这一属性表现高时顾客满意增加，表现低时并不会引起不满意（或者至少是更低的程度）或者属性没有被传递（Anderson and Mittal, 2000）。通过比较顾客满意类型的特点，帕杜拉认为价格维度和全面价格评价之间不同关系的类型具有与之相似的特点，像价格公平性是属性的基本类型，购买廉价性作为表现属性，价格多样性作为兴奋属性。

他们的实证结论也表明，价格维度中的多样性，在全面价格评价中的影响受参与程度和专业知识中经历层面影响。

3.3　基于参考价格的消费者价格模型的提出

　　通过对相关文献的回顾以及前面简述的理论基础与模型研究现状,提出了基于参考价格的消费者价格评价模型。该模型建立在消费者剩余理论、前景理论和心理账户理论框架的基础上,以消费者剩余理论评价商品的获取价值;而将商品的交易价值一分为二,首先以前景理论评价价格公平性,然后以心理账户理论评价价格多样性。通过逻辑分析,把价格环境因素作为价格属性评价的调节因素进行考察。

3.3.1　理论模型的内容

　　本书基于参考价格的消费者价格全面评价已有理论,在对原有相关研究进行总结和创新的前提下,提出了基于参考价格视角的消费者价格全面评价理论框架,并以随后章节的论证,为该框架提供理论与实证的支持。

　　与以往研究不同的是,本研究拟进行消费者价格维度基本特性、不同价格维度对价格全面感知的作用方式、价格属性相互间的影响特点等方面的实证研究,从而更深层次揭示消费者价格行为的内涵。消费者价格行为具有多维属性在帕杜拉(Padula Giovanna,2005)等人的研究工作中已得以初步检验,同时他们的研究所发现的消费者价格多样性感知特性与前景理论不一致也为更进一步的价格研究指出了方向。在此,笔者假设价格的多样性更多起因于消费者为每一交易商品所设立的心理账户的差异性,并将通过实证研究来论证此观点。在本研究中,从三个价格环境调节因素衡量消费者价格感知属性受环境因素影响的方式。

3.3.2　理论模型的逻辑分析

　　该理论模型的发展顺序遵循消费者价格属性的感知过程,从价格廉价性、价格公平性、价格多样性到价格评价。由于本研究的主要目的是考察基于参考价格的消费者价格评价理论模型,因此主要研究与消费者行为价格密切相关的价格属性变量、变量间相互关系和变量受价格环境影响的特点。近来对消费者参考价格的影响因素研究较多,本研究基于价格属性的关系将影响参考价格的因素归为三类价格环境变量,即参与程度调节变量、感知经验调节变量和满意度调节变量。

图 3.2 所示的模型框架包括了三个层次，第一层次是消费者价格全面感知作为结果变量表达消费者价格全面评价，第二层次是价格属性作为消费者价格评价的自变量，第三层次是影响价格感知属性的价格环境因素变量。因此，该框架能够比较全面地反映消费者价格评价结构中价格属性与行为特性的紧密关系。通过各层次的不同评价进行消费者价格评价的内在规律探讨，能够帮助营销经理们在定价实践中更好地制定价格战略与实施价格管理。

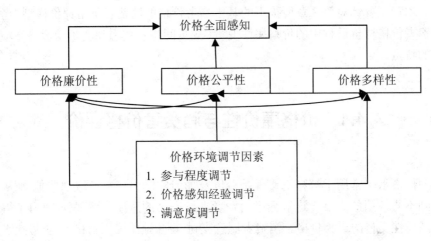

图 3.2　基于参考价格的消费者价格全面评价理论模型

3.4　本章小结

本章的主要目的，在于提出本研究的总体框架。首先探讨了价格评价研究的相关理论基础。其次为了构建本研究的理论模型，对模型的理论依据和相关研究进行了分析。最后在以往相关研究的基础上提出了本研究的总体理论框架，并对框架的基本逻辑进行了简要说明。

全面理解消费者价格评价内涵的第一步是清晰把握前面阐述的作用于各内在价格属性的基本理论。这些理论包括理解消费者获取价值和交易价值的消费者剩余理论、前景理论与心理账户理论，这是更好地了解一个消费者价值形成过程的必要条件。而对价格属性相互关系及其影响因素的了解，将进一步增强在价格战略方面的谋划能力。

第4章 价格对消费者价格行为影响机理研究

本章主要针对第 3 章所提出的基于参考价格的消费者价格评价模型,考察消费者价格评价过程中的价格属性变量、变量间相互关系和变量受价格环境影响的特点。

4.1 价格廉价性与消费者价格评价

价格水平常用于解释消费者是否以及如何实际付出来获取那些他/她从中得到不同效用的产品,这解释了消费者支持产品的意愿,例如他/她为了得到产品属性支付的最大价格。消费者愿意支付(他/她的最高价格)与他/她实际支付(供应商要求的价格水平)的差额就是消费者剩余。所有事情都是公平的,消费者不会以高于最大付出的价格购买某一产品,也就意味着,存在一个正向的或零消费者剩余的价格水平。换句话说,消费者的价格评价将会依赖价格水平与最大付出之间的差额,也就意味着,在一个特定价格水平时,将会取决于消费者从产品中获取的效用。考虑到消费者从产品中获得的效用是各不相同的,他们对价格水平的评价也是相当主观的,这源于特有的消费者需求。

4.1.1 价格廉价性与消费者剩余理论

马歇尔定义消费者剩余为需求曲线的左上角区域。需求曲线如图 4.1 所示,以 OQ 代表商品数量,OP 代表商品价格,DD′代表需求曲线,消费者购买 OQ′的商品时所获得的消费者剩余为三角形 DP′E 的面积。消费者剩余理论揭示出,消费者剩余根源于递减的边际效用,由于消费品先前各单位都要比最后一单位具有更好的价值,即消费者从先前的每一单位中享受到了效用剩余。因此,消费者剩余衡量的是消费者从某一物品的购买中所得到的超过他们所为之支付的那部分额外效用。

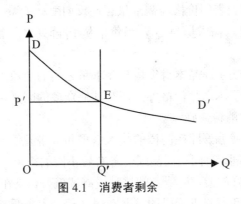

图 4.1　消费者剩余

自商品交易出现以后，价格一直被认为是单一结构——购买的昂贵性或廉价性——由价格层面感知的单一尺度衡量。而新古典经济学中消费者剩余理论，特别强调通过消费者剩余的不等同分配，提供了价值评价主观属性的解释和价格构成的含义，对作为获取价值因素的价格进行了整合。由此，笔者推出：

假设 1：价格廉价性直接影响消费者价格全面感知。

4.1.2　需求规律与价格评价

需求是指消费者在一定价格条件下对某种商品的需要数量。一般来说，在其他条件不变的情况下，商品的市场价格越高，人们对它的需求量越少；反之，人们对它的需求量就越多，如图 4.2 所示。价格与需求之间这种呈反向变动的关系，被称之为需求规律。

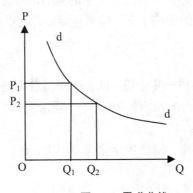

图 4.2　需求曲线

图 4.2 中横轴 OQ 表示需求量，纵轴 OP 表示价格，曲线 dd 为需求曲线，dd 向右下方倾斜，表明价格与需求量存在反向变动关系。从图 4.2 可看出，当市场价格为 P_1 时，需求量为 Q_1，当价格从 P_1 降到 P_2，需求量也就从 Q_1 增加到 Q_2。

需求曲线反映了商品本身价格与需求量之间的函数关系，但影响商品需求量变动的因素除了本产品价格外，还有其他众多的因素，这些因素主要有：

1. 消费者的消费偏好

消费者的消费偏好即在同样的收入水平和价格条件下，不同的消费者由于性格或爱好的不同，对同一商品或劳务有着不同的需求。如有的人比较讲究吃穿，有的人则爱好旅游。消费者的这种爱好或偏好，是在一定历史的、社会的以及自然的条件和背景下形成的，并在一定程度上支配着他对消费品的选择。同时，这种偏好也随着外界生活环境等条件的改变而逐步变化。

2. 消费者的收入水平

消费者的收入水平是影响需求变化的重要因素。随着经济的发展和消费者收入水平的提高，某些商品的需求量会逐步增大，而某些商品的需求量则会日趋缩小。

3. 替代品价格

替代品，是指使用价值接近，可以互相替代来满足人们同一需求的商品。一般来说，替代品之间，某种商品价格提高，消费者就会将需求转向可替代的商品，从而使这种可替代商品的需求量上升；反之价格下降，可替代商品的需求量也会减少。

4. 互补品价格

互补品，是指使用价值存在互相补充关系的商品，如钢笔与墨水。一般来说，互补品之间，某种商品的价格上升，需求量减少，会引起与之补充的商品的需求量也相应减少。

5. 对未来价格的预期

如果人们预期价格还会进一步上涨，就会刺激消费者提前购买；反之则会推迟购买。在预期心理的作用下，既使价格不变，需求量也会骤然放大或缩小。

6. 消费者的货币储蓄倾向

在收入水平一定的条件下，消费者储蓄比重增大，则用于现期消费的比重就会减少。

7. 其他影响因素

如商品的品种、质量、广告宣传、地理位置、国家政策等，都会在一定程度上影响商品的需求。

上述各影响因素，在现实经济生活中互相交织在一起，需求的变化是它们相互作用后所产生的结果。从一个特定的商品市场来看，这种变化是一个渐进的过程。而且这些因素的影响，在相互作用中，有的会抵消，有的会减弱。

需求规律虽然揭示了价格与需求量之间的一般现象，但现代营销学的研究表明，人们的消费行为往往是互相影响的，这就使得某些消费需求并不表现为如需求规律所描绘的那种与价格呈反向运动的关系，而呈现为不规则的非函数关系。这些不规则现象主要表现为：（1）从众现象，是指一种随大流的消费行为。即在价格未发生变动的情况下，某些人会因他人买了更多（或更少）的某种商品而去买更多（或更少）的该种商品。（2）逆反现象，该现象与从众现象正好相反，是指某些人为显示自己的独特性或与众不同的消费嗜好，当其他人竞相扩大某种商品的购买量时，自己反而少买或不买该商品。该效应的存在会抵消部分因价格下降而增加的需求量。（3）炫耀现象，是指某些人为显示自己的地位和炫耀财富，只有在某种商品价格变得昂贵时才购买的消费行为。具有这种现象的商品一般是一些稀少而又昂贵的奢侈品，如名人字画与古董珠宝等。这类商品的需求量与价格之间呈正向关系，即价格越高，需求量越大；反之则越小。（4）吉芬现象，是指某些低档消费品（如土豆）的需求与价格呈正比关系的现象。该现象由英国经济学家罗伯特·吉芬通过对爱尔兰的土豆销售情况的调查研究而发现。该类商品的需求量与价格之所以呈正比，是因为这种商品（如土豆）价格上升，意味着穷人的实际收入减少，因而不得不少消费其他商品（如鱼、肉），而为了填饱肚子多消费这种商品。因此，尽管这类商品价格上升，对它的需求量反而增加；反之，该类商品价格下降，意味着穷人的实际收入增多，于是少吃土豆多吃肉。除此四种现象外，还有一些商品（如股票），其价格小幅波动时，需求按正常情况变动；大幅度变动时，人们就会观望，使此时的需求曲线呈不规则变化。

根据需求规律揭示的消费者获得效用变化，价格越低，消费者感知价格越低廉，单位商品边际效用也越低，但消费者所获得商品价值总效用增大，笔者推出：

假设 2：价格廉价性对消费者价格全面感知有直接正向作用。

假设 3：价格廉价性对消费者参考价格有直接负向影响。

4.2 价格公平性与消费者价格评价

4.2.1 价格公平性评价

公平性理论分析了输入与输出之间的互换（Walster et al., 1973）。输出指的是当参与交换时，被一个团体感知的那些结果。类似地，输入指的是由交换的一方所做出的贡献。加在一起，输入和输出从基础上可称为"公平的交换"。当参与者感知到他们的输出与输入与各自的参与程度相同时，这些交易就会发生。同样，当参与者感到输入/输出比率不平等时，这种交易就被认为是"不公平的"。

公平性理论是建立在交易中双方结果外在考虑基础上的，而非仅仅基于消费者的所得（Oliver and Swan, 1989）。在公平的框架下，消费者获取的价值与供应商从某交易过程中所得的价值之间的对比，被认为是价值的一种来源，更确切地讲，这是交易价值的一个来源。事实上，在买者—卖者关系中的输入—输出比率的评价中，公平性感知影响着消费者对实际支付价格的评价——消费者的交易价值感知。输入/输出比率是定义"期望的"参考价格的基础，也就是说，一个价格被认为是公平的或合理的（Thaler, 1985）。

这种期望是公平的参考价格对于实际价格判断的影响，预示着价格感知过程增加了另一个价格维度：价格的公平性。价格的公平性可以被定义为与供应商从交易关系中获取的经济价值的判断相比，消费者对实际价格是否公平的判断。因此，笔者推出：

假设 4：价格公平性直接影响消费者价格全面感知。

4.2.2 价格公平性感知与前景理论

价格判断是价值感知属性的函数。传统的建立在线性关系基础上的评价方法已经被非线性的方法所取代。前景理论从营销实践中已经取得了大量的印证，特别是在价格管理领域（Monroe, 1990）。该理论提供了顾客评价他们收益损失的行为基础。顾客在参考点上面定义他们的收益和损失。前景理论所表示的收益、损失与价值之间的不对称关系在 S 型价值函数中表示如图 4.3 所示。

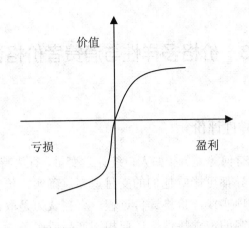

图 4.3　价值函数

　　前景理论的一个重要假设是对于一个参考值上面不同的偏离，在评价它时，负向的偏离比正向的偏离有着更重要的影响。换句话说，根据前景理论（Kahneman and Tversky, 1979）：消费者显示出对损失的烦感，即"失去的更重要"。

　　如图 4.3 所示，当消费者感知价值沿函数 S 曲线中段上移或下移时，消费者对价格的公平性感知越不敏感，价格对消费者价值影响较小；而当消费者感知价值位于函数 S 曲线中段时，消费者对价格的公平性感知强烈，尤其对损失的感知甚于收益，价格对消费者价值影响明显，即在参考点附近的一个收益的增加，既保持了消费者价格公平的敏感性，又同时快速提升了消费者的感知价值。消费者的这一价格行为暗示了以实现公平交易为目标的现代厂商，可通过将成本信息增加等方式传递给消费者以增强公平的感知，继而获得利润率的保障。也就是说，一定范围内，厂商可通过传递价格公平性的信息而促进消费者参考价格的提升。因此，笔者提出：

　　假设 5：价格公平性对消费者价格全面感知有直接正向作用。

　　假设 6：价格公平性可选择性地提高消费者的参考价格。

4.3　价格多样性与消费者价格评价

4.3.1　价格多样性评价

不论顾客具有何等差异（如人口统计学变量、行为特征、利益要求等），顾客需求上的差异都可影响他们的支付意愿。确实，价格差异被认为是价格水平优化的一项实践，价格评价过程一直被认为是取决于价格水平的判断。根据不同顾客的需求特性，厂商相同产品或服务的不同定价策略导致了价格的多样性。

笔者认为，当从某一产品获得的效用并不仅仅因为顾客的不同而各异，而且还会因为某个顾客对某一产品的不同购买而各异时，价格的差异性就导致了一个相应的价格维度。价格的差异性意味着在相同的买者与卖者关系下选择不同的价格方案，为了适应不同顾客的需求，可以调整不同的价格组合。因此，价格的差异性因相同顾客不同购买时价格评价的不同而各异。换句话说，价格的多样性提供了在相同买者—卖者关系下，不同购买的最优化选择。因此，笔者提出：

假设 7：价格多样性直接影响消费者价格全面感知。

4.3.2　价格多样性与心理账户理论

心理账户理论指出，消费者对不同商品的消费价格，设置不同的消费心理账户，即心理账户不具替代性。心理账户非替代性的根源在于人的心理存在着特定的账户结构和特定的账户，不同类别的心理账户具有非替代性。就其表现形式看，心理账户的账户结构或类别可分为：不同来源的财富划归到不同的账户，不同的消费或支出类别划归为不同的账户，不同存储方式的财富也划归为不同的账户，等等。

另外，不同心理账户的核算方式与频率不同。消费者为某一具体消费所设置的心理账户在不同核算方式与频率下，其对收益与损失的感知程度也体现出差异性。为了更好地探讨心理账户如何影响人的经济决策行为，塞勒教授引入前景理论的"价值函数"这一概念。而根据价值函数 S 曲线，越接近参考点（坐标轴上的 0 点）的差额，人们感觉越敏感。因此，与价格公平性评价相比，消费者对价格多样性的评价既有共性，又有差异。当消费者感知价值沿 S 曲线中段上移或下移时，消费者对价格的多样性感知越不敏感，也就是说价格多样性感知减弱，此时价格对消费者感知价值的影响就会降低；反之，当消费者感知价值集中于 S 曲线中段时，消费者对价格的多样性感知越强，也就是说价格多样性感知增强，此时价格对消费者感知价值的影响加大。消费者的这一价格行为也为厂商差异化定价提供了基本的理论支持。也就是说，如果厂商将差异化价格以正面信号传递给消费者，则消费者所感知的多样性为正，从而对心理账户设置合理的高价，如公共交通在为老人与学生提供低票价时，给其他人提供标准票价。因此，笔者推出：

假设 8：价格多样性对消费者价格全面感知有直接正向作用。

假设 9：价格多样性可选择性地提高消费者的参考价格。

4.4　价格属性间的相互关系

综合消费者剩余理论、公平理论、前景理论及心理账户理论对消费者价格评价机理的分析，可以看到在边际效用递减原则影响下，价格廉价性的需求促使消费者参考价格趋向单边下降；而基于价值函数的运算规则，价格公平性和价格多样性的感知过程选择性地促使消费者参考价格上升。所以，价格公平性和价格多样性引起消费者参考价格上升时，将减弱消费者对廉价性的需求。尽管价格公平性和价格多样性包含诸多相似性，但是笔者认为价格公平性与价格多样性的差异又决定它们内在具有一定的排斥性，比如表现为多样性下的规则公平性。还以上述公共交通定价为例，普通消费者在接受标准票价时感知的就是一种规则差异公平性。这种公平性区别于无差异公平，因此多样性下的公平是一种"折扣公平"。

根据以上推理，笔者假设：

假设 10：交易廉价评价中，消费者感知的价格公平性对廉价评价为正向作用。

假设 11：交易廉价评价中，消费者感知的价格多样性对廉价评价为正向作用。

假设 12：交易公平评价中，消费者感知的价格多样性对公平评价为弱负向作用。

假设 13：交易公平评价中，消费者感知的价格廉价性对公平评价为正向作用。

假设 14：交易多样评价中，消费者感知的价格公平性对多样评价为弱负向作用。

假设 15：交易多样评价中，消费者感知的价格廉价性对多样评价为正向作用。

假设 16：价格廉价性与价格公平性呈负相关关系。

假设 17：价格廉价性与价格多样性呈负相关关系。

假设 18：价格公平性与价格多样性呈正相关关系。

4.5 价格环境与消费者价格评价

价格构成从单维到多维的扩展意味着消费者将表现出更加复杂的解决问题的行为。此外，多样性和公平性的评价需要建立在扩展和深化分析过程的基础上。价格多样性导致价格评价建立在细微的不同和大量的比较过程上，正如多样性意味着在不同的价格选择中服务定价的不同，在同样的买者—卖者关系下，根据特定时间框架下特定需求的价格选择。当价格多样性是评价的一个维度，消费者可能会很少利用简单的思考去推断复杂的信息，他们更有可能理解和回忆更多信息，以及运用信息更好地评价这种多样性与他们的需求是否匹配的分析过程。

营销研究人员一直认为消费者行为在决策过程与消费者在购买决策前的信息搜寻是不同的。正如前面论述的价格结构扩展至多样性和公平性意味着分析过程的延伸，理解哪些因素影响着消费者行为可以帮助识别价格多维构成有效性的可能情况。

4.5.1 参与程度的调节作用

参与程度在消费者决策过程和信息搜寻上有着重要的影响（Kerby, 1967; Emerson, 1972; Laurent and Kapferer, 1985; Zaichkowsky, 1985）。参与程度的很多定义在文献中出现（Mittal, 1989），它们均认为参与程度是影响消费者行为的活跃因素。埃默森（Emerson, 1972）认为参与程度激活了解决问题的行为。贝特曼（Bettman, 1979）在信息搜集过程中使用参与程度作为调节变量。因为高参与度的顾客更多地对相关信息进行搜索，他们感知各种选择的不同，并有意识地比较各种选择（Zaichkowsky, 1985）。这种解释参与水平的情况表明参与程度受功利主义和社会心理的影响（Mittal, 1989）。功利主义在做出错误购买决策时的风险在其经济后果中可以找到，然而社会心理体现在产品的价值（即它的情感诉求和提供需要的能力）和消费者从产品中得到的标志性价值或者符号价值中（Laurent and Kapferer, 1985）。不管解释参与层次的潜在因素如何，参与程度在购买决策的分析过程中起着重要的作用。结合已经论述的关于强调价格多维构成分析过程中消费者参与行为的结果，笔者提出：

假设 19：参与程度越高，对价格公平性影响越大。

假设 20：参与程度越高，对价格多样性影响越大。

4.5.2　价格感知经验的调节作用

营销研究人员以前也承认经验在识别决策过程的扩展和购买信息搜寻中的作用（Alba and Hutchinson, 1987; Mitchell and Dacin, 1996）。参与程度意味着消费者贯彻一个复杂购买分析过程的兴趣和意愿，而价格感知经验因为消费者从事这一过程的能力影响着购买分析过程的扩展。价格感知经验使消费者的认知结构更加复杂，这增加了消费者区分不同选择的能力，识别出细微的区别（Alba and Hutchinson, 1987）。当价格感知经验影响认知时，专家使用越来越多的属性来识别这些不同。

由于在理解和认知上的双重努力，价格感知经验很可能在制定购买决定之前影响着消费者搜寻和处理信息的程度（Mitchell and Dacin, 1996）。此外，专家会很容易地从事更加复杂的解决问题的行为，因为他们意识到有很多信息的相关方面被告知（Brucks, 1985）或者因为他们更可能对于一些属性形成特定的问题。因为价格感知经验影响着购买分析过程的深度和宽度，既然建议把价格属性扩展至价格多样性和价格公平性，鉴于消费者从事价格分析过程的行为假设，笔者提出：

假设 21：价格感知经验越多，对价格公平性影响越大。

假设 22：价格感知经验越多，对价格多样性影响越大。

一般说来，多样性和公平性意味着更加复杂的评价过程，建立在大量的、通常是非传统的、并且难以评价的属性之上。但是随着商品的日趋丰富，价格廉价性评价的难度也逐渐增大，特别是在现在信息服务等新兴行业中价格的廉价性评价更为不易。因此，笔者提出：

假设 23：参与程度越高，对价格廉价性的影响越大。

假设 24：价格感知经验越多，对价格廉价性的影响越大。

4.5.3　满意度的调节作用

社会心理学认为，过程、感知、判断和归因是典型的消费者用以评价商品价值的因素，并且很可能受到双方参与的个性化程度或关系类型的影响（Grewal and Marmorstein, 1994）。例如，对消费者和厂商的访问表明，消费者对厂商的满意度感知影响对商品价值的评价。在商品变化或升级中，高满意度的顾客更倾向于感知到厂商提供商品的价值，这与初次或很少光顾的消费者不同。

依据社会交易理论，交换关系可能从单纯的经济性和交易性渐入更社会化的、相关性的或共享的关系范畴（Bell, 1967; Currim & Linda, 1993; Rajendran & Tellis, 1993）。笔者认为在高满意度的消费者和厂商之间更多地存在社会交换的关系，并且高满意度的消费者更易感知到他们与厂商的关系。因此，可以认为，高满意度的消费者比低满意度的消费者，更倾向于把重点放在对价格公平性和多样性的感知上，因为这是更加个性化的，并且反映了彼此间的相互尊重。而对低满意度的顾客来说，他们更多关注于价格的廉价性。因此，笔者提出：

假设 25：满意度对价格多样性的影响较强。

假设 26：满意度对价格公平性的影响较强。

假设 27：满意度对价格廉价性的影响较强。

4.6　本章小结

价格属性对消费者价值感知的影响研究得到了学者们的关注。本研究提出，价格廉价性、价格公平性和价格多样性共同影响消费者价值的全面感知，同时以消费者剩余理论、公平理论、前景理论和心理账户理论作为价格三属性的理论根源对它们间的相互关系进行了更深入的探讨。本研究进行的价格属性感知对参考价格和交易的评价，及其不同的调节因素对不同维度价格属性感知的影响方式，填补了当今消费者价格行为研究的空白。

第 5 章 基于参考价格的消费者价格评价实证研究

本章研究的主要目的，是为验证基于参考价格的消费者价格全面评价理论模型中第一层与第二层所构建的子模型而提出的理论假设，然后进行研究设计与数据收集，并以概念模型发展的顺序对收集的研究数据进行分析。

5.1 消费者价格模型测量分析

在前面的章节中，通过分析基于参考价格的消费者价格全面评价理论模型的形成理论基础与价格对消费者价格行为的影响机理，从理论上建立了价格属性对消费者价值全面感知的影响方式。在本节中，首先汇总回顾了子模型，并提出了假设，然后阐述了实证研究的调研设计方案与思路。

5.1.1 假设汇总

下述假设是依据前人的研究经验和本研究的逻辑推理而提出的，为了使读者更全面地理解，现总结如表 5.1 所示。

表 5.1 研究假设汇总表

议题	假设	内容
价格属性对消费者价格全面感知的影响	假设 1	价格廉价性直接影响消费者价格全面感知
	假设 2	价格廉价性对消费者价格全面感知有直接正向作用
	假设 4	价格公平性直接影响消费者价格全面感知
	假设 5	价格公平性对消费者价格全面感知有直接正向作用
	假设 7	价格多样性直接影响消费者价格全面感知
	假设 8	价格多样性对消费者价格全面感知有直接正向作用

续表

议题	假设	内容
价格属性对消费者参考价格的影响	假设 3	价格廉价性对消费者参考价格有直接负向影响
	假设 6	价格公平性可选择性地提高消费者的参考价格
	假设 9	价格多样性可选择性地提高消费者的参考价格
价格属性对交易评价的影响	假设 10	交易廉价评价中，消费者感知的价格公平性对廉价评价为正向作用
	假设 11	交易廉价评价中，消费者感知的价格多样性对廉价评价为正向作用
	假设 12	交易公平评价中，消费者感知的价格多样性对公平评价为弱负向作用
	假设 13	交易公平评价中，消费者感知的价格廉价性对公平评价为正向作用
	假设 14	交易多样评价中，消费者感知的价格公平性对多样评价为弱负向作用
	假设 15	交易多样评价中，消费者感知的价格廉价性对多样评价为正向作用
价格属性之间关系	假设 16	价格廉价性与价格公平性呈负相关关系
	假设 17	价格廉价性与价格多样性呈负相关关系
	假设 18	价格公平性与价格多样性呈正相关关系

5.1.2　调研设计

顾客对价格、质量和价值的感知被认为对顾客购买行为和产品选择有决定性影响。在过去的十年里，营销研究一直关注于这些概念以及它们之间的联系，因为它们在新的、竞争加剧的市场环境中起到了决定性的作用（Woodruff，1997）。虽然近期的文献在这方面已经做出了一定的工作，分清了这些概念的含义（Zeithaml, 1988; Woodruff, 1997），并且改进了测度程序，但是结论仍带有一定的争议性，并有待于进一步研究。

研究显示，价格概念与其在购买行为中的运用有关。但目前的研究，对价格的界定还相当模糊，可以概括为以下两个方面：第一，虽然价格总是被认为是价值构成的单一维度，但仔细考察消费者从产品中所获取效用的不同分配，以及对评价判断的感知历程就会发现价格比看起来的更为复杂，并且以很多不同的方式影响着全面评价。因此，许多细微的不同导致了价格的多维属性。第二，在价值感知与价格全面感知的关系之间形成了一些不同的价值测度程序。基于价格与价值之间的紧密关系，利用实证研究考察对有关价值感知的评价，将有助于扩展对价格的认识。

5.1.2.1　调研范围与调研对象

本研究的问卷调查在天津市高校移动通信消费市场中展开。从移动通信市场容量来看，高校移动通信市场近年来持续高速增长，发展潜力巨大，各大电信运营商"垂涎"已久。自 1999 年，我国普通高等学校扩招以来，我国在校大学生人数持续攀升，与此同时，伴随着高校在校生的快速增长，大学生的通信消费水平也在不断提高，越来越多的大学生对短信息、彩信、彩铃、WAP 等增值业务的需求日益增加。

特别是，对各大移动通信服务运营商而言，高校学生的"潜在客户价值"是其最为看重的。全国高校毕业生总数已从 2000 年的 107 万突增到 2015 年的 749 万，"十二五"（2011 年至 2015 年）期间，中国高校毕业生总量仍以年均 3%的速度增长，仅 2016 年就有 1000 万大学生走向社会，这部分毕业生大多数都曾受到"动感地带"的文化"熏陶"。毫无疑问，高校毕业生是运营商未来最宝贵的"高端客户"潜在市场。在其成为"高端客户"之前，通过提供各种优惠服务将其揽入自家客户数据库，对于任何移动通信服务运营商来说，都无疑是市场战略的重点之一。

从消费者行为的角度来看，大学生又是一个特殊的消费群体，其消费行为具有鲜明的个性，运营商发挥自身品牌优势，进行差异化营销的空间很大。大学生"收入"比较稳定（但不高），价格弹性比较大。虽然经济上没有独立，但依靠父母的"接济"，他们大多数拥有比较稳定的收入，这对移动通信服务运营商来说，吸引力很大。与此同时，由于个人可支配收入比较有限，大学生的消费弹性较大，对通信服务资费敏感程度较高。在服务相差不大的情况下，很多大学生就会"不惜一切代价"选择资费最低运营商的服务，即消费价格行为具有相当的主动性，这也是选择高校移动通信消费者作为调查对象的又一个主要原因。

同时，天津市的移动通信服务市场竞争相对较激烈，高校学生消费群体来源也较广，即市场与消费者关系行为相对活跃。因此，笔者认为天津移动通信服务市场的高校学生群体是检验研究假设的良好土壤。

5.1.2.2　问卷与指标设计

为了进行本项研究，笔者首先查阅了大量的文献资料，进行了深入的文献研究，然后对顾客、服务人员和管理人员进行了深入的个别访谈。在文献研究和个别访谈的基础上，设计了初步的调查问卷，并依据行业内专家的意见对问卷进行了多次修改。为确保测量工具的信度及效度，在各概念的操作定义及测量方法上，尽量采用国内外现有文献中使用过的量表（见表 5.2），并对大多数变量使用了多项指标进行测量，然后再根据本研究的目的加以修改，作为搜集实证资料的工具。这些指标均通过了在大规模调查之前的有关测试（如消费者访谈与探索性因子分析等）。

1. 变量的操作定义与计量项目

在本章考察的子模型中，变量采用以下操作定义：

（1）价格廉价性

价格廉价性，经济理论上定义为购买者基于自我利益最大化，并于可接受价格下获取效用最大时的价格感知。因此，交易价格越低，消费者所感知的价格越廉价。通常可认为一次购买的昂贵性或廉价性，借此衡量由价格层面感知的价值尺度（Huppertz et al., 1978）。在此维度下，笔者开发了三个价格廉价概念感知层面的测试项以评价消费者的交易廉价性。测试项目分别为：消费者对移动通信资费的廉价性整体感知、消费者对移动通信资费套餐项目廉价性的感知、消费者对移动通信资费中"特殊"优惠项目廉价性的感知。第一个测试项目针对的是传统意义上的价格廉价概念层次（Huppertz et al., 1978）。第二个测试项目，主要反映被调查人员对移动运营商折扣政策的评价，从而折射出这些政策是通过较为廉价的购买而影响价格的实际水平。第三个测试项目为消费者对"特殊价格情况下"的评价——如那些专门的条款，诸如"允许在合同中针对特定电话号码大量的话费节约"——这在移动通信行业是相当普遍的，并且还是管理顾客最终支付价格的一种方式（Janiszewski Chris and Cunha Marcus Jr., 2004）。

（2）价格公平性

基于社会学双重关注理论（Filley, 1975），消费者在交易过程中既关注自我利益，同时又关注社会利益。因此，消费者所感知的价格公平性，既是自我利益基础上可接受的价格，也是在社会公平规则基础上所推断的价格（Kahneman et al., 1986b; Lind and Tyler, 1988）。至于公平性的测量，从塞勒（Thaler, 1985）关于供应商成本判断价格是否公平的关键参考点作用的论述开始。根据交易效用建立了两项评价价格公平性的指标，一个是预期价格，另一个是渴望接受的价格（Maxwell Sarah, 2002）。另外，还建立了"价格的合理性"评价项目，这在文献中被用来测量价格评估中与公平相关的事项（Voss et al., 1998）。

（3）价格多样性

价格多样性，表现为当从一产品获得的效用不仅因顾客的不同而各异，而且还因某个顾客对某一产品的不同购买而各异。价格多样性意味着在相同的买者与卖者关系下选择不同的价格方案，为了适应不同的顾客需求，调整不同的价格选择，以使价格具有差异性。因此，价格多样性因相同顾客不同购买时价格评价的不同而各异，即价格多样性提供了在相同买者与卖者关系下不同购买的择优选择（Padula Giovanna and Busacca Bruno, 2005）。价格多样性测量的项目由对此价格维度的定义得出。根据价格多样性的论述，价格多样性在价格评价中起着重要作用，因为它意味着消费者从中选择一些价格选项的可获得性，并且从一项选择到另一项选择的可变性（如没有招致任何经济惩罚时，改变选择的可能性）。到目前为止，价格的多样性预示着价格的人性化，因为它根据消费者的需求定义一系列的价格。

2. 计量尺度

本项研究中，除了调查对象的人口统计变量外，概念模型中的变量均采用李科特（Likert）七点量表。各变量的计量尺度来源，如表 5.2 所示。

表 5.2　计量尺度来源

测量变量	计量尺度	计量尺度来源
价格廉价性	Q_1、Q_2、Q_3	Huppertz et al.（1978） Janiszewski Chris & Cunha Marcus, Jr.（2004）
价格公平性	Q_4、Q_5、Q_6	Maxwell Sarah（2002） Voss et al.（1998）
价格多样性	Q_7、Q_8、Q_9	Padula Giovanna & Busacca Bruno（2005）

5.2　预调研数据分析

由于本研究的正式调研需要约 500 份问卷，为保证问卷的设计质量，提高问卷调查的针对性，在大规模正式问卷调查之前，先组织了较小规模的预调研，采用方便抽样法在天津市某高校进行了探索性研究的问卷调查。共发放问卷100 份，回收问卷 86 份。

5.2.1　预调研样本概况

在调研中，由于调查对象未完整填写问卷，而无法了解他们的人口统计资料以及他们对问卷中关键性问题的回答，由于数据存在缺失值，在数据分析过程中，笔者对缺失值采用整列删除法。得到有效问卷共计 75 份，以下问卷概况是进行整列删除后的结果。样本概况如表 5.3 所示。

表 5.3　预调研样本概况

统计资料	人数	百分率
性别		
男	46	61.3
女	29	38.7
年龄		
17 岁以下	12	16
17～23 岁	48	64
24～30 岁	12	16
31～40 岁	2	2.7
40 岁以上	1	1.3
受教育程度		
专科及以下	12	16
本科及在读	48	64
研究生以上	15	20
个人月收入		
500 元以下	3	4
501～800 元	42	56
801～1500 元	28	36
1500 元以上	3	4

5.2.2　预调研数据的描述性统计分析

使用 SPSS 15.0 统计软件，计算了本项研究中 9 个计量指标的平均数和标准差，计算结果如表 5.4 所示。

表 5.4　探索性研究指标的平均值和标准差

变量	变量计量	平均值	标准差
价格廉价评价 1	Q_1	3.99	1.23
价格廉价评价 2	Q_2	4.12	1.14
价格廉价评价 3	Q_3	4.4	1.13

续表

变量	变量计量	平均值	标准差
价格公平评价 1	Q_4	4.23	1.17
价格公平评价 2	Q_5	4.02	1.17
价格公平评价 3	Q_6	4.12	1.16
价格多样评价 1	Q_7	4.35	1.22
价格多样评价 2	Q_8	4.98	1.31
价格多样评价 3	Q_9	4.52	1.24

5.2.3 预调研数据可靠性分析

数据可靠性是考察一组计量项目是否在衡量同一概念，是衡量数据质量的一个重要的指标。在社会科学实证研究中，学术界普遍使用内部一致性系数（Cronbach's α 值）检验数据可靠性，其公式为：

$$\alpha = \frac{k\bar{r}}{1 + (k-1)\bar{r}}$$

其中，k 为评估项目数，$\bar{r}$ 为 k 个项目相关系数的均值，克朗巴哈 α 系数在 0～1 之间。克朗巴哈 α 系数将会受评估项目数以及相关系数均值的影响。当评估项目数一定时，如果相关系数的均值较高，则意味着项目的内在信度较高，此时克朗巴哈 α 系数也较高，接近于 1；如果相关系数的均值较低，则意味着项目的内在信度较低，此时克朗巴哈 α 系数也较低，接近于 0。因此，可通过克朗巴哈 α 系数的大小评价内在信度的高低。经验上，如果克朗巴哈 α 系数大于 0.9，则认为量表的内在信度很高；如果克朗巴哈 α 系数大于 0.8（小于 0.9），则认为内在信度是可接受的；如果克朗巴哈 α 系数大于 0.7（小于 0.8），则认为量表设计存在一定问题，但仍有一定参考价值；如果克朗巴哈 α 系数小于 0.7，则认为量表设计存在很大问题，应考虑重新设计。

本研究使用 SPSS 15.0 版本软件，计算各个计量尺度与子尺度的内部一致性系数，计算结果如表 5.5 所示。

表 5-5　预调研数据可靠性结果分析

变量	项目数	相应的 α 系数
价格廉价评价	3	0.905
价格公平评价	3	0.891
价格多样评价	3	0.910

美国统计学家海尔（Joseph F. Hair Jr.）、安德森（Rolph E. Anderson）、泰森（Ronald L. Tatham）和布莱克（William C. Black）曾经指出，Cronbach's α 值大于 0.7,表明数据可靠性较高,计量尺度中的项目数少于 6 个时,Cronbach's α 值大于 0.60，表明数据是可靠的；在探索性研究中，α 值可以小于 0.7，但应大于 0.5。[①]从表 5.5 可以看到,所有计量尺度的内部一致性系数在 0.891 到 0.910 之间，表明各个计量尺度都比较可靠。

5.2.4　预调研探索性因子分析

为了精简调查问卷的内容，采用探索性因子分析来检验问卷中的价格廉价性、价格公平性和价格多样性等三个变量的内在因子结构。在分析之前，首先使用统计分析软件 SPSS 15.0 对样本的充分性进行检验。样本充分性的 KMO（Kaiser-Meyer-Olkin）测试系数为 0.762，样本分布的巴特利特球形检验的卡方检验值为 5322.92，显著性水平为 0.000，这表明原始数据一般适合做因子分析。

由于因子分析的最终目标是获得具有理论意义的因子,分析中采用了主成分分析法进行因子提取，用斜交旋转法进行因子旋转；同时，为了获得具有理论意义的因子结构，笔者采用了以下三条标准来筛选合适的测度变量：第一，变量在某一因子上的负载最小值为 0.40；第二，变量与其他变量之间只有很低的交叉负荷；第三，某一变量的内涵必须与测度同一因子的其他变量的内涵保持一致。只有满足上述三条标准的一条或多条的变量才被保留下来。经过这一过程，最后成功地提炼出 3 个因子,因子提取结果如表 5.6 所示。

[①] Hair Joseph F., Rolph E. Anderson, Ronald L. Tatham, and William C. Black, Multivariate Data Analysis, Fifth Edition, Upper Saddle River, NJ: Prentice Hall, 1998: 449.

表 5.6　预调研数据探索性因子分析

题项	价格廉价性 感知因子	价格公平性 感知因子	价格多样性 感知因子
Q_1	0.927		
Q_2	0.926		
Q_3	0.925		
Q_4		0.924	
Q_5		0.920	
Q_6		0.920	
Q_7			0.902
Q_8			0.876
Q_9			0.875
特征值	2.973	2.869	2.617

结果显示，3 个因子的特征值大于 1，因子负载情况比较好，都在 0.875 以上，而且它们所累积解释的方差百分比为 89.872%，这说明本次研究对这些关键变量的测量是有效的。第一个因子载荷的是价格廉价性感知因子；第二个因子载荷了价格公平性感知因子；第三个因子载荷了价格多样性这一变量。

5.3　正式数据分析

5.3.1　数据收集及样本概况

在本章第一节已经阐述了选择移动通信行业的高校学生消费群作为调研对象的原因。由于研究资源的限制，本研究采用了便利样本。采用方便抽样法，在天津市高校发放问卷 500 份。由于调研人员的专业素质较高，加上调研对象的积极配合，问卷的发放和回收非常顺利，问卷填写质量和回收比例都较高。共计回收样本 488 份，剔除不完整问卷后，得到合格问卷 425 份。

在调研中，由于调查对象未完整填写问卷，而无法了解他们的人口统计资料以及他们对问卷中关键性问题的回答，因此，研究者无法判断未答卷顾客对本项研究结果的影响。由于数据存在缺失值，在数据分析过程中，笔者对缺失值采用整列删除法。以下问卷概况是进行整列删除后的结果，样本概况如表5.7所示。

表 5.7　样本概况

统计资料	人数	百分率
性别		
男	265	62.4
女	160	37.6
年龄		
17 岁以下	48	11.3
17～23 岁	292	68.7
24～30 岁	68	16
31～40 岁	12	2.8
40 岁以上	5	1.2
受教育程度		
专科及以下	68	16
本科及在读	267	62.8
研究生以上	90	21.2
个人月收入		
500 元以下	10	2.4
501～800 元	238	56
801～1500 元	155	36.4
1500 元以上	22	5.2

从问卷的描述性统计数据来看，男女人数分别为 265 和 160，分别占总调查人数的 62.4% 和 37.6%，基本与高校学生男女比例相符。在调研人群的最终年龄分布结果为 17 岁至 30 岁的人群占了 84.7%，体现了高校学生群体的年龄特点，并基本呈正态分布，比例合理。从受教育程度看，专科及以下占 16%，本科及在读占 62.8%，研究生以上 21.2%，学历分布也基本合理。

5.3.2　数据质量分析

本节介绍研究数据的描述性统计分析、数据可靠性分析和数据处理方法的检验分析，主要包括数据的描述性统计、CITC 分析、巴特利特球形检验与 KMO 检验、因子分析、因子共同度分析等。

5.3.2.1　研究数据的描述性统计分析

使用 SPSS 15.0 统计软件，计算了本项研究中 9 个计量指标的平均值和标准差，计算结果如表 5.8 所示。

表 5.8　探索性研究指标的平均值和标准差

变量	变量计量	平均值	标准差
价格廉价评价 1	Q_1	4.43	1.03
价格廉价评价 2	Q_2	4.42	1.04
价格廉价评价 3	Q_3	4.4	1.03
价格公平评价 1	Q_4	4.53	1.07
价格公平评价 2	Q_5	4.52	1.07
价格公平评价 3	Q_6	4.54	1.06
价格多样评价 1	Q_7	4.75	1.01
价格多样评价 2	Q_8	4.81	1.01
价格多样评价 3	Q_9	4.75	1.04

5.3.2.2　CITC 分析

采用纠正条目的总相关系数（Corrected Item-Total Correlation，简称 CITC）净化调查问卷的测量条目。CITC 是判断某一条目归于特定结构变量是否具有较好的内在一致性的良好指示器。一般通过考察 CITC 系数（在同一变量维度下，计算每一指标值与其他所有指标值之和的相关系数）来净化测量条目。

作为一个一般性规则，如果 CITC 系数低于 0.5，且删除该指标后能提高 α 系数，除非有特别重要的理由，一般应该删除这个条目。本研究所涉及 CITC 系数都大于 0.5，测量指标均在 0.855～0.972 之间（见表 5.9）。数据表明：在三个变量维度下，每一问题项都在各自变量下具有较好的一致性。

表 5.9　变量的 CITC 分析

变量	项目数	问题项	CITC	Cronbach's Alpha
价格廉价评价	3	Q_1 Q_2 Q_3	0.972 0.969 0.966	0.986

续表

变量	项目数	问题项	CITC	Cronbach's Alpha
价格公平评价	3	Q_4 Q_5 Q_6	0.964 0.955 0.954	0.981
价格多样评价	3	Q_7 Q_8 Q_9	0.855 0.882 0.855	0.934

5.3.2.3　因子分析

1. 因子分析前的条件判别

因子分析的目的是从众多的原有变量中综合出少数具有代表性的因子,这必定有一个潜在的前提要求,即原有变量之间应具有较强的相关关系。不难理解,如果原有变量之间不存在较强的相关关系,那么就无法从中提炼出能够反映某些变量共同特性的几个较少的公共因子。因此,一般在因子分析时需首先对因子分析的条件,即原有变量是否相关进行研究。通常可采用巴特利特球形检验与 KMO 检验方法进行初步分析。

巴特利特球形检验以原有变量的相关系数矩阵为出发点,其零假设 H_0 是相关系数矩阵是单位阵,即相关系数矩阵为对角矩阵(对角元素不为 0,非对角元素均为 0)且主对角元素均为 1。巴特利特球形检验的检验统计量根据相关系数矩阵的行列式计算得到,且近似服从卡方分布。如果该统计量的观测值比较大,且对应的概率值小于给定的显著性水平,则应拒绝零假设,认为相关系数矩阵不太可能是单位矩阵,原有变量适合作因子分析;反之,如果检验统计量的观测值比较小且对应的概率值大于给定的显著性水平,则不能拒绝零假设,可以认为相关系数矩阵与单位矩阵无显著差异,原有变量不适合作因子分析。

KMO 检验统计量是用于比较变量间简单相关系数和偏相关系数的指标,数学定义为:

$$KMO = \frac{\sum\sum\limits_{i \neq j} r_{ij}^2}{\sum\sum\limits_{i \neq j} r_{ij}^2 + \sum\sum\limits_{i \neq j} p_{ij}^2}$$

其中，r_{ij} 是变量 x_i 和其他变量 x_j 间的简单相关系数，p_{ij} 是变量 x_i 和变量 x_j 在控制了剩余变量下的偏相关系数。由上式可知，KMO 统计量的取值在 0 和 1 之间。当所有变量间的简单相关系数平方和远远大于偏相关系数平方和时，KMO 值接近 1。KMO 值越接近于 1，意味着变量间的相关性越强，原有变量越适合作因子分析；当所有变量间的简单相关系数平方和接近 0 时，KMO 值接近 0。KMO 值越接近于 0，意味着变量间的相关性越弱，原有变量越不适合作因子分析。凯泽（Kaiser）给出了常用的 KMO 度量标准：0.9 以上表示非常适合，0.8 表示适合，0.7 表示一般，0.6 表示不太适合，0.5 以下表示极不适合。

在对调查问卷进行因子分析之前，首先对样本进行 KMO 与球形巴特利特（Bartlett）卡方检验（见表 5.10）。

表 5.10　样本 KMO 与球形巴特利特（Bartlett）卡方检验

样本充分性 KMO 检验		0.776
样本分布的 Bartlett 检验	卡方检验值	5322.916
	自由度	36
	显著性	0.000

以上结果显示：根据凯泽的观点，如果 KMO 的值小于 0.5 时，较不宜进行因子分析，此处 KMO 的值为 0.776，表示适合进行因子分析。此外，从巴特利特球形检验的卡方值为 5322.916，显著性为 0.000，代表母群体的相关矩阵间有共同因子存在，适合进行因子分析。

2. 因子分析

（1）因子提取

在进行因子分析时，对于因子数目的考虑与挑选标准，常用的有两种：一是学者凯泽所提出的准则：选取特征值大于 1 的因子；二是卡特尔（Cattell）所提出的陡坡检验（scree test），图 5.1 根据最初抽取因子所能解释的变异量高低绘制而成。在因子数目的选择上，笔者综合考虑上述两位学者的观点。

在此，采用主成分分析法提取因子，利用方差最大法进行因子旋转，得出的碎石图如图 5.1 所示。

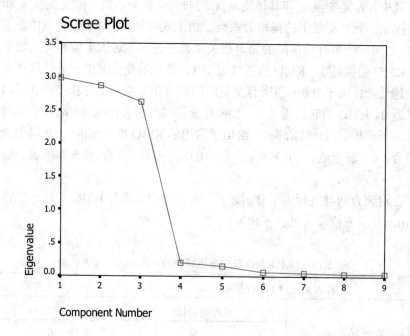

图 5.1　因子分析碎石图

在图 5.1 中，横坐标为因子数目，纵坐标为特征根。可以看到：第 1 个因子特征根的值较高，对解释原有变量的贡献最大；而第 4 个以后的因子特征根值都较小，对解释原有变量的贡献很小，已经成为可被忽略的"高山脚下的碎石"，因此提取 3 个因子是合适的；再结合表 5.11 所列出的总体解释方差表，特征值大于 1 的因子一共有 3 个，所以综合起来考虑，以选取 3 个因子数为宜。

表 5.11　总体解释方差表

公因子数目	特征值			旋转前累计平方荷载		
	总分	方差百分比	累积贡献率%	总分	方差百分比	累积贡献率%
1	2.973	33.029	33.029	2.973	33.029	33.029
2	2.869	31.877	64.905	2.869	31.877	64.905
3	2.617	29.083	93.988	2.617	29.083	93.988
4	0.199	2.211	96.199			

公因子数目	特征值			旋转前累计平方荷载		
	总分	方差百分比	累积贡献率%	总分	方差百分比	累积贡献率%
5	0.151	1.675	97.874			
6	0.065	0.719	98.593			
7	0.059	0.539	99.133			
8	0.044	0.491	99.623			
9	0.034	0.377	100			

　　最终得出旋转后的因子矩阵如表 5.12 所示，通过 SPSS 15.0 的分析，提取出 3 个反映消费者价格全面感知的因子，其中，因子 1 反映的是消费者价格廉价性感知因子（PCC），因子 2 反映的是消费者价格公平性感知因子（PFC），因子 3 反映的是消费者价格多样性感知因子（PVC）。

表 5.12　旋转后的因子矩阵

题项	解释变异量%	累积解释变异量%	抽取的因子		
			因子 1	因子 2	因子 3
Q_1			0.987		
Q_2	32.428	32.428	0.986		
Q_3			0.985		
Q_4				0.984	
Q_5	32.009	64.527		0.980	
Q_6				0.980	
Q_8					0.949
Q_7	29.461	93.988			0.936
Q_9					0.935

　　3 个主成分的方差贡献率分别是：32.428%、32.009%、29.461%；累积方差贡献率是 93.988%，这说明因子对这些关键变量的测量是有效的。通常选取累积方差贡献率大于 85% 时的特征根个数等于因子提取数，由此可见这 3 个因子解释度较高。

（2）因子共同度分析

根据原有变量的相关系数矩阵，采用主成分分析法提取因子并选取特征根值大于 1 的特征根。因子分析的初始解，分析结果如表 5.13 所示。

表 5.13　因子共同度分析

测试项	初始解下共同度	提取因子后共同度
Q_1（价格廉价评价 1）	1	0.976
Q_2（价格廉价评价 2）	1	0.972
Q_3（价格廉价评价 3）	1	0.970
Q_4（价格公平评价 1）	1	0.969
Q_5（价格公平评价 2）	1	0.960
Q_6（价格公平评价 3）	1	0.960
Q_7（价格多样评价 1）	1	0.876
Q_8（价格多样评价 2）	1	0.901
Q_9（价格多样评价 3）	1	0.875

表 5.13 是因子分析的初始解，显示了所有变量的共同度数据。第一列是因子分析初始解下的变量共同度，它表明：对原有 9 个变量如果采用主成分分析方法提取所有特征根（9 个），那么原有变量的所有方差都可被解释，变量的共同度均为 1（原有变量标准化后的方差为 1）。事实上，因子个数小于原有变量的个数才是因子分析的目标，所以不可提取全部特征根；第二列是在按指定提取条件（这里指特征根大于 1）提取特征根时的共同度。可以看到，各变量的绝大部分信息（大于 80%）可被因子解释，即变量的信息丢失较少。因此本次因子提取的总体效果比较理想。

5.3.3　实证结果与讨论

在这一部分，笔者首先通过因子得分函数和结构路径图对消费者的价格廉价性、价格公平性和价格多样性感知建立评价模型，然后利用因子模型和结构方程模型建立消费者价格感知属性与消费者价格廉价评价、价格公平评价和价格多样评价方法，最后在综合评价模型上衡量消费者价格全面感知特性。

5.3.3.1　因子得分函数分析

实验数据在 SPSS 15.0 分析平台上，采用回归法估计因子得分系数，并输出因子得分系数，如表 5.14 所示。

表 5.14　因子得分系数矩阵

	因子		
	1	2	3
价格廉价评价 1	0.338	−0.002	0.001
价格廉价评价 2	0.338	0.004	0.006
价格廉价评价 3	0.338	0.003	0.009
价格公平评价 1	0.005	0.341	−0.003
价格公平评价 2	0.001	0.339	−0.007
价格公平评价 3	−0.001	0.339	0.000
价格多样评价 1	0.011	−0.006	0.353
价格多样评价 2	0.004	−0.004	0.358
价格多样评价 3	0.002	0.000	0.353

根据上表，可写出因子得分函数：

价格廉价感知（PCC） =0.338×（价格廉价评价 1）+0.338（价格廉价评价 2）+0.338（价格廉价评价 3）+0.005×（价格公平评价 1）+0.001×（价格公平评价 2）−0.001×（价格公平评价 3）+0.011×（价格多样评价 1）+0.004×（价格多样评价 2）+0.002×（价格多样评价 3）·······················（5-1）

价格公平感知（PFC） =−0.002×（价格廉价评价 1）+0.004×（价格廉价评价 2）+0.003×（价格廉价评价 3）+0.341×（价格公平评价 1）+0.339×（价格公平评价 2）+0.339×（价格公平评价 3）−0.006×（价格多样评价 1）−0.004×（价格多样评价 2）·······················（5-2）

价格多样感知（PVC） =0.001×（价格廉价评价 1）+0.006×（价格廉价评价 2）+0.009×（价格廉价评价 3）−0.003×（价格公平评价 1）−0.007×（价格公平评价 2）+0.353×（价格多样评价 1）+0.358×（价格多样评价 2）+0.353×（价格多样评价 3）·······················（5-3）

可见计算 3 个因子得分变量的变量值时，价格廉价评价、价格公平评价与价格多样评价在各独立因子上面的权重较高，而在其他因子上权重相当低，这与因子的实际含义是相吻合的。

上述 3 个因子得分函数特征表明，价格廉价性、价格公平性与价格多样性对消费者价格全面感知有直接正向影响，即以下假设获得证明。

假设 1：价格廉价性直接影响消费者价格全面感知。

假设 2：价格廉价性对消费者价格全面感知有直接正向作用。

假设 4：价格公平性直接影响消费者价格全面感知。

假设 5：价格公平性对消费者价格全面感知有直接正向作用。

假设 7：价格多样性直接影响消费者价格全面感知。

假设 8：价格多样性对消费者价格全面感知有直接正向作用。

根据消费者剩余理论，消费者对剩余价值的追逐有最大化的趋势，始终贯彻于其价格行为中，而单位剩余价值却是按边际递减效应降低。又因消费者对价格廉价评价对价格廉价性感知有直接正向影响，如 5-1 式所示，即有价格越低廉，消费价格廉价评价越高，所感知的价格廉价性越高，随之低价消费经历整合入参考价格而降低参考价格；反之，价格廉价评价低，高价消费经历整合入参考价格而提高参考价格。由此，假设 3 获得证明。

假设 3：价格廉价性对消费者参考价格有直接负向影响。

反观 5-2 式与 5-3 式，消费者对价格公平评价与价格多样评价行为显示出，消费者价格公平评价与价格多样评价对消费者的价格公平性与价格多样性感知呈正比，并且价格公平评价与价格多样评价在一定程度上对价格廉价性也显示出弱正向作用（价格公平评价与价格多样评价项目下对价格廉价性的影响系数平均值为正）。

同时根据消费者价格行为理论中前景理论与心理账户理论的运算特性，价值函数的非对称性 S 函数变化规律，在消费者参考点附近，价值函数体现出消费者对收益与损失的明显感知差异，并且感知损失比感知收益更明显。也就是说，当厂商以额外的方式传达给消费者更高的价格公平性与多样性时，如厂商承担更高成本时却未曾提高售价或厂商在高价的背后表达出对弱势群体的慈善捐赠等，消费者在同等价位上因感知的价格公平性与价格多样性的提高而降低了对价格廉价的追求，从而高价消费经历在一定程度上提高了消费者的参考价格。总之，价格公平评价与价格多样评价可选择性地提高消费者的参考价格。至此，通过调研数据所揭示的消费者实际经历证明了假设 6 和假设 9 成立。

假设 6：价格公平性可选择性地提高消费者的参考价格。

假设 9：价格多样性可选择性地提高消费者的参考价格。

5.3.3.2　因子载荷模型分析

表 5.15　因子载荷矩阵

	因子		
	PCC	PFC	PVC
价格廉价评价 1	−0.815	0.503	0.241
价格廉价评价 2	−0.800	0.519	0.251
价格廉价评价 3	−0.798	0.516	0.258
价格公平评价 1	0.492	0.840	−0.143
价格公平评价 2	0.496	0.831	−0.154
价格公平评价 3	0.507	0.827	−0.137
价格多样评价 1	0.313	−0.012	0.896
价格多样评价 2	0.289	−0.008	0.890
价格多样评价 3	0.320	−0.007	0.879

表 5.15 显示了因子载荷矩阵，根据该表可以写出基于参考价格的消费者价格全面评价理论模型中第一层与第二层所构建的子模型的因子分析模型：第一层为消费者价格全面感知作为结果变量对消费者价格全面评价产生影响；第二层是价格属性作为消费者价格评价的自变量；第三层是影响价格感知属性的价格环境因素变量。

价格廉价评价 1=−0.815PCC+0.503PFC+0.241PVC　　　　（5-4）

价格廉价评价 2=−0.8PCC+0.519PFC+0.251PVC　　　　（5-5）

价格廉价评价 3=−0.798PCC+0.516PFC+0.258PVC　　　　（5-6）

价格公平评价 1=0.492PCC+0.84PFC−0.143PVC　　　　（5-7）

价格公平评价 2=0.496PCC+0.831PFC−0.154PVC　　　　（5-8）

价格公平评价 3=0.507PCC+0.827PFC−0.137PVC　　　　（5-9）

价格多样评价 1=0.313PCC−0.012PFC+0.896PVC　　　　（5-10）

价格多样评价 2=0.289PCC−0.008PFC+0.89PVC　　　　（5-11）

价格多样评价 3=0.32PCC−0.007PFC+0.879PVC　　　　（5-12）

根据上述因子分析模型中 5-4 式、5-5 式、5-6 式的结果显示，消费者价格廉价评价与消费者所感知价格公平性和价格多样性呈正比，即有消费者感知的价格公平性和价格多样性越高，消费者对价格廉价评价也相应提高。由此假设

10 与假设 11 获证，即以下两假设成立。

假设 10：交易廉价评价中，消费者感知的价格公平性对廉价评价为正向作用。

假设 11：交易廉价评价中，消费者感知的价格多样性对廉价评价为正向作用。

另根据上述因子分析模型中 5-7 式、5-8 式、5-9 式的结果显示，消费者价格公平评价与消费者所感知价格廉价性呈正比，而价格公平评价与消费者所感知价格多样性呈反比，即有消费者感知的价格廉价性越高，消费者对价格公平评价也相应提高，但是消费者感知的价格多样性越高，消费者对价格公平评价反而有所降低。这一点也符合目前移动通信消费现象，如价格多样性的提高在一定程度上满足了低端消费者的市场需求，但同时带给高端消费者价格心理感知上的负面作用。据此论证，可推出以下两假设成立，假设 12 与假设 13 如下：

假设 12：交易公平评价中，消费者感知的价格多样性对公平评价为弱负向作用。

假设 13：交易公平评价中，消费者感知的价格廉价性对公平评价为正向作用。

因子分析模型中 5-10 式、5-11 式、5-12 式结果显示，消费者价格评价与消费者所感知的价格廉价性呈正比，而价格多样评价与消费者所感知的价格公平性呈反比，即消费者感知的价格廉价性越高，消费者对价格多样评价也相应提高，但是消费者感知的价格公平性越高，消费者对价格多样评价反而有所降低。也就是说，价格廉价性对消费者价格多样评价作用为正，体现出消费者多样性需求消费在其消费价格范围内也追求价格廉价。另外，若在消费价格范围中消费者感知的价格公平性提高，消费者的不同心理账户设置的差异性缩小，从而导致对价格多样评价的降低。即消费者的价格行为符合假设 14 和假设 15，即以下两假设为真。

假设 14：交易多样评价中，消费者感知的价格公平性对多样评价为弱负向作用。

假设 15：交易多样评价中，消费者感知的价格廉价性对多样评价为正向作用。

5.3.3.3 消费者价格属性结构方程模型分析

1. 理论模型提出

依据本研究所提出的理论框架，构建初步的结构方程模型。对于理论模型和研究假设采用软件 AMOS 7.0 进行结构方程检验，估计方法为极大似然法。

模型测量用三种模式计算，即内定模式（根据理论模型设定的模式）、独立模式（模型中所有变量完全的独立）、饱和模式（没有约束，总是完美拟合数据的模式），内定模式的拟合度量在独立模式和饱和模式之间时模型获得证明。最后，对模型的拟合情况做出客观的评价。

　　结合第 4 章所提出的子模型研究假设及本章前面所论证的消费者价格评价与价格属性全面感知间关系，作为消费者价格全面感知的理论模型如图 5.2 所示。

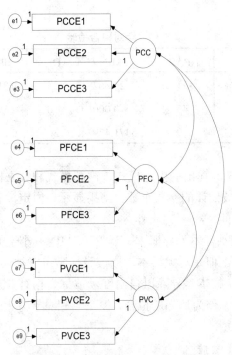

图 5.2　消费者价格全面感知理论模型

理论模型中变量汇总：
（1）内生观测变量
PCCE1（价格廉价评价 1）、PCCE2（价格廉价评价 2）、PCCE3（价格廉价评价 3）
　　PFCE1（价格公平评价 1）、PFCE2（价格公平评价 2）、PFCE3（价格公平评价 3）
　　PVCE1（价格多样评价 1）、PVCE2（价格多样评价 2）、PVCE3（价格多

样评价3）

（2）外生非观测变量

PCC（价格廉价感知）、PFC（价格公平感知）、PVC（价格多样感知）

e1、e2、e3、e4、e5、e6、e7、e8、e9为各观察项残差

2. 模型检验与论证

（1）绝对拟合检验

使用 SPSS 15.0 统计软件，计算了本项研究中 3 个计量指标的 NPAR、CMIN、DF、P、CMIN/DF，计算结果如表 5.16 所示。

表 5.16　绝对拟合检验

Model	NPAR	CMIN	DF	P	CMIN/DF
Default model	21	26.862	24	0.311	1.119
Saturated model	45	0.000	0		
Independence model	9	5371.479	36	0.000	149.208

以上为 AMOS 7.0 输出的内定模式、饱和模式和独立模式的测量情况汇总。NPAR 是模型中被估计的参数个数。结果显示，内定模式的拟合度量在独立模式和饱和模式之间。

P（CMIN）为最小样本差异概率。当 P（CMIN）小于 0.05，拒绝数据完全拟合模型的原假设。但是对大样本，原假设非常可能被误拒。

CMIN/DF 是最小样本差异除以自由度，被称为相对卡方或规范卡方。有些人允许这个值达到 5 作为适当的拟合，但是当相对卡方大于 2 或 3 时，保守的使用就需要拒绝模型。

（2）RMR 与 GFI 检验

使用 SPSS 15.0 统计软件，计算了本项研究中 3 个计量指标的 RMR、GFI、AGFI、PGFI，计算结果如表 5.17 所示。

表 5.17　RMR 与 GFI 检验

Model	RMR	GFI	AGFI	PGFI
Default model	0.010	0.986	0.973	0.526
Saturated model	0.000	1.000		
Independence model	0.442	0.375	0.219	0.300

RMR 是残差均方根。RMR 是样本方差和协方差减去对应估计的方差和协方差的平方和，再取平均值的平方根，估计假定内定模型是正确的。RMR 越小，拟合越好。

GFI 是拟合优度指数，范围在 0 和 1 间，但理论上能产生没有意义的负数。按照约定，要接受模型，GFI 应该等于或大于 0.90。按照此标准，这个模型可接受。

AGFI 是调整拟合优度指数，利用自由度和变量个数的比例来调整 GFI，它的变化范围也是 0 到 1 之间，但理论上能产生没有意义的负数。AGFI 也应该至少大于 0.90。按照此标准，这个模型可接受。

PGFI 是简效拟合优度指数。它是独立模式的自由度与内定模式的自由度的比率乘以 GFI。

（3）Baseline Comparisons 检验

使用 SPSS 15.0 统计软件，计算了本项研究中 3 个计量指标的 NFI Delta 1、RFI rho 1、IFI Delta 2、TLI rho 2、CFI，计算结果如表 5.18 所示。

表 5.18　Baseline Comparisons 检验

Model	NFI Delta1	RFI rho1	IFI Delta2	TLI rho2	CFI
Default model	0.995	0.992	0.999	0.999	0.999
Saturated model	1.000		1.000		1.000
Independence model	0.000	0.000	0.000	0.000	0.000

这是比较内定模式与独立模式拟合的一组拟合优度测量。因为独立模式通常很糟糕，内定模式与它做比较将使内定模式看起来良好但不能用于研究目的。标题 DELTA 和 RHO 是这些测量的可选名称。

NFI 是规范拟合指数，变化范围在 0 到 1 之间，1 为完全拟合。按照约定，NFI 小于 0.90 表示需要重新设置模型。

RFI 是相对拟合指数，它不保证其值的变化范围在 0 到 1 之间。RFI 接近 1 表示拟合良好。

IFI 是增值拟合指数，它不保证其值的变化范围在 0 到 1 之间。IFI 接近 1 表示拟合良好，大于 0.90 为可接受拟合。

TLI 是 Tucker-Lewis（塔克-刘易斯）系数，也叫做 Bentler-Bonett 非规范

拟合指数（NNFI）。TLI 不保证其值的变化范围在 0 到 1 之间。TLI 接近 1 表示拟合良好。

CFI 是比较拟合指数，其值位于 0 到 1 之间。CFI 接近 1 表示拟合非常好，其值大于 0.90 表示模型可接受。

（4）Parsimony-Adjusted Measures

使用 SPSS 15.0 统计软件，计算了本项研究中 3 个计量指标的 PRATIO、PNFI、PCFI，计算结果如表 5.19 所示。

表 5.19　Parsimony-Adjusted Measures

Model	PRATIO	PNFI	PCFI
Default model	0.667	0.663	0.666
Saturated model	0.000	0.000	0.000
Independence model	1.000	0.000	0.000

PRATIO 是简效比率，它是内定模式的自由度与独立模式自由度的比率。PRATIO 自身不是拟合优度检验，但在拟合优度中用于测量惩罚简效模型的 PNFI 和 PCFI（用相对较少的参数模型去估计与模型有关的变量数和关系）。

PNFI 是简效规范拟合指数，等于 PRATIO 乘以 NFI。

PCFI 是简效比较拟合指数，等于 PRATIO 乘以 CFI。

（5）NCP、FMIN 与 RMSEA 检验

使用 SPSS 15.0 统计软件，计算了本项研究中 3 个计量指标的 NCP、LO 90、HI 90，计算结果如表 5.20 所示。

表 5.20　NCP 检验

Model	NCP	LO 90	HI 90
Default model	2.862	0.000	19.805
Saturated model	0.000	0.000	0.000
Independence model	5335.479	5097.936	5579.311

使用 SPSS 15.0 统计软件，计算了本项研究中 3 个计量指标的 FMIN、F0、LO90、HI90，计算结果如表 5.21 所示。

表 5.21　FMIN 检验

Model	FMIN	F0	LO 90	HI 90
Default model	0.063	0.007	0.000	0.047
Saturated model	0.000	0.000	0.000	0.000
Independence model	12.669	12.584	12.023	13.159

使用 SPSS 15.0 统计软件，计算了本项研究中 2 个计量指标的 RMSEA、LO90、HI90、PCLOSE，计算结果如表 5.22 所示。

表 5.22　RMSEA 检验

Model	RMSEA	LO 90	HI 90	PCLOSE
Default model	0.017	0.000	0.044	0.982
Independence model	0.591	0.578	0.605	0.000

NCP 是非中心参数，它和 F0 在计算 RMSEA（近似误差均方根）中使用。对每一项，LO90 和 HI90 表示系数上 90% 置信限制。按照惯例，如果 RMSEA 小于或等于 0.05，模型拟合较好。如果 RMSEA 小于 0.08，有适当的模型拟合。PCLOSE 检验 RMSEA 不大于 0.05 的原假设。

（6）HOELTER 临界检验

使用 SPSS 15.0 统计软件，计算了本项研究中 2 个计量指标的 HOELTER.05、HOELTER.01，计算结果如表5.23所示。

表 5.23　HOELTER 临界检验

Model	HOELTER .05	HOELTER .01
Default model	575	679
Independence model	5	5

Hoelter 临界数，表示在 0.05 或 0.01 水平上接受模型的最大样本量。通过它可获知所使用的样本量是否足够用来估计模型的参数和模型的拟合。本模型的样本量是 425。

3. 理论模型结果分析

（1）回归系数

使用 SPSS 15.0 统计软件，计算了本项研究中 9 个计量指标的 Estimate、S.E.、C.R.、P、Label，计算结果如表 5.24 所示。

表 5.24　路径回归系数

			Estimate	S.E.	C.R.	P	Label
PCCE3	<---	PCC	1.000				
PCCE2	<---	PCC	1.007	0.015	65.971	***	
PCCE1	<---	PCC	1.010	0.015	69.330	***	
PFCE3	<---	PFC	1.000				
PFCE2	<---	PFC	1.011	0.019	54.564	***	
PFCE1	<---	PFC	1.022	0.017	60.204	***	
PVCE3	<---	PVC	1.000				
PVCE2	<---	PVC	1.003	0.034	29.502	***	
PVCE1	<---	PVC	0.957	0.035	27.370	***	

注：*** $p < 0.001$。

回归系数是模型中带箭头的路径系数。为了识别模型，部分系数在模型识别中已固定为 1（如潜变量 PCC 到观测变量 PCCE3 的路径），也给出了路径系数的标准误。C.R.是临界比，它是回归系数的估计值除以它的标准误。一般处理近似标准正态分布的随机变量，在 0.05 的显著性水平上，临界比上估计的绝对值，如果大于 1.96，则称为显著，即可以说这个回归系数在 0.05 显著性水平上显著地不等于 0。P 值给出检验原假设总体中参数是 0 的近似双尾概率值。P 值的计算假定参数估计是正态分布，它只是对大样本正确。

（2）标准回归系数

使用 SPSS 15.0 统计软件，计算了本项研究中 9 个计量指标的 Estimate，计算结果如表 5.25 所示。

表 5.25　路径标准化回归系数

			Estimate
PCCE3	<---	PCC	0.976
PCCE2	<---	PCC	0.979
PCCE1	<---	PCC	0.983
PFCE3	<---	PFC	0.967
PFCE2	<---	PFC	0.968
PFCE1	<---	PFC	0.980
PVCE3	<---	PVC	0.895
PVCE2	<---	PVC	0.935
PVCE1	<---	PVC	0.895

（3）隐变量相关系数

使用 SPSS 15.0 统计软件，计算了本项研究中 3 个计量指标的 Estimate，计算结果如表 5.26 所示。

表 5.26　隐变量相关系数

			Estimate
PFC	<-->	PVC	0.020
PCC	<-->	PFC	−0.011
PCC	<-->	PVC	−0.036

4. 理论模型路径图

图 5.3 充分揭示了消费者价格属性感知间的相互关系，价格廉价性与价格公平性和价格多样性之间为负相关，而价格公平性与价格多样性间为正相关。通过 AMOS 7.0 的路径图分析也再次证明了前述 SPSS 15.0 因子分析载荷模型方程。由此，也证明了以下三个假设：

假设 16：价格廉价性与价格公平性呈负相关关系。

假设 17：价格廉价性与价格多样性呈负相关关系。

假设 18：价格公平性与价格多样性呈正相关关系。

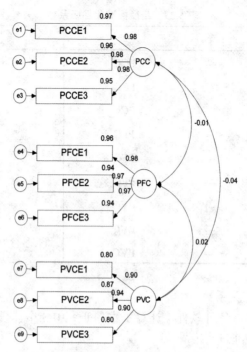

图 5.3 消费者价格属性全面感知路径图

5.3.3.4 消费者价格全面感知综合评价模型分析

通过借助因子分析而建立的因子模型，可以考察每一个样本的性质，在这里，借助于因子得分，可以认识每一个消费者价格全面感知的特性，以对其进行综合评价。因子得分就是公共因子 F_1, F_2,…, F_m 在每一个样本点上的得分。这需要给出公共因子用原始变量表示的线性表达式，这样的表达式一旦能得到，就可以很方便地把原始变量的取值代入到表达式中求得各个因子的得分值。

通过因子旋转后公因子用原始变量线性表示的关系式并不易得到，这与主成分分析是不一样的，在主成分分析中，主成分是原始变量的线性组合，当取 p 个主成分时，主成分与原始变量之间的变换关系是可逆的，只要知道了原始变量用主成分表示的表达式，就可以方便地得到用原始变量表示主成分的表达式；而在因子分析中，公共因子的个数少于原始变量的个数，且公共因子是不可观测的隐变量，载荷矩阵 A 不可逆，因而不能直接求得公因子用原始变量表示的精确线性组合。一个解决该问题的方法是用回归的思想求出线性组合系数的估计值，即建立如下公因子为因变量，原始变量为自变量的回归方程：

$$F_j = \beta_{ji}X_i + \beta_{j2}X_2 + \cdots + \beta_{jk}X_k, j = 1, 2, \cdots, m$$

此处因为原始变量与公因子变量均为标准化变量,因此回归模型不存在常数项。在最小二乘意义下,可以得到 F 的估计值

$$\hat{F} = A'R^{-1}X$$

式中,A 为因子载荷矩阵;R 为原始变量的相关阵;X 为原始变量向量。这样,在得到一组样本值后,就可以代入上面的关系式求出公因子的估计得分。在这里,调用 SPSS 15.0 的因子分析过程中的 Scores 子对话框来实现,在该对话框中,选中"Save as Variables"选项,系统将自动计算出各个因子的得分值:F_1、F_2、F_3。

这时,每一个消费者的价格全面感知得分值就等于各个因子得分与各个因子方差贡献的乘积和。因子分析中旋转平方载荷的总和如表 5.27 所示。

表 5.27 旋转平方载荷的总和

总和	方差百分比	累积方差百分比
2.919	32.428%	32.428%
2.889	32.009%	64.527%
2.625	29.461%	93.988%

则有消费者价格全面感知函数:

$$F = 0.32428 \times F_1 + 0.32009 \times F_2 + 0.29461 \times F_3$$

求出的 F 值就是各个消费者价格全面感知的综合得分,通过对消费者价格全面感知的管理有助于更深入地了解消费者价格全面感知,进而针对特定消费群市场进行定价,实现高效的价格策略。

5.3.3.5 实证总结

消费者价格属性感知子模型的主要研究目的是考察价格属性在消费者价格全面感知框架中的影响机制,一方面探索消费者价格感知中价格廉价性、价格公平性和价格多样性这三重属性,另一方面考察消费者价格行为中价格评价与价格属性间关系及各类价格属性间关系的特征。本章以移动通信行业高校学生消费群为研究对象,通过消费者对移动通信资费的评价,对上述研究内容进行了实证分析。在分析中采用了因子分析与结构方程模型分析等多元化的统计

分析法，来全面考察上述研究变量间的关系。研究表明，消费者价格全面感知具有三类感知价格属性，同时揭示出各类价格属性对消费者价格评价有着不一样的作用方式。

（1）实证结果证明，消费者价格全面感知可由价格廉价性、价格公平性和价格多样性共同表达。也就是说，消费者购买价格决策不仅仅由传统意义上的购买廉价性决定，同时交易中所感知的价格多样性和价格公平性也在消费者购买决策中起调节作用。

（2）研究定性描述了价格属性对消费者参考价格的影响方式。价格廉价性对消费者参考价格有负向影响。基于消费者剩余理论，即消费者对效用最大化的追逐和边际递减效应，得出消费者价格廉价性感知越高，参考价格越低；反之亦然。另外研究结果表明，消费者价格公平性和价格多样性可选择性地提高消费者的参考价格。结合消费者价格行为理论中前景理论与心理账户理论中价值函数非对称性的运算特性，消费者在同等价位上因感知的价格公平性与价格多样性的提高而降低了对价格廉价的追求，最终导致高价消费经历在一定程度上提高了消费者的参考价格。

（3）通过因子载荷模型，研究还第一次建立了从价格属性到交易价格评价间的关系模型。模型表明，价格公平性和价格多样性对交易价格廉价评价都有正向作用。而在交易价格公平评价中，价格廉价性具有正向作用，价格多样性却起负向作用；同时交易价格多样评价时，价格廉价性具有正向作用，价格公平性具有负向作用。

（4）在消费者价格属性结构模型的分析中，以消费者价格全面感知路径图的方式表示了价格属性之间的关系类型，即价格廉价性与价格公平性和价格多样性之间为负相关，而价格公平性与价格多样性之间为正相关。

（5）根据因子分析，具体评价了消费者在价格属性上的感知得分，再以价格属性因子方差贡献为权重建立了消费者价格全面感知模型。利用此模型，可以详细管理消费者价格行为特征。

5.4　本章小结

本章的主要内容是对第 4 章所提出的理论假设进行验证。在对数据进行基本处理的基础上，首先对所采用的指标以及数据质量进行了检验，接着，通过主成分分析、因子回归模型分析和因子路径图分析对第 4 章所提出的理论框架中第一层与第二层子模型进行假设验证。最终利用因子得分函数、因子模型和综合评价函数，依据所得数据对所提出的理论假设进行了分析，并对多个因变量之间的关系进行了一一分析。所得出的结论支持了假设。

第6章 价格环境对消费者价格行为影响的实证研究

本章的主要目的，是为验证基于参考价格的消费者价格全面评价理论模型中第二与第三层次所构建的子模型而提出的理论假设，进行研究设计与数据收集，并以概念模型发展的顺序对收集的研究数据进行分析。

6.1 环境因素的构成与确认分析

通过分析基于参考价格的消费者价格全面评价理论模型的形成与价格对消费者价格行为的影响机理，从理论上构建了价格环境对消费者价格评价的影响特性。

6.1.1 假设汇总

下述假设是依据前人的研究经验和本研究的逻辑推理而提出的，为了使读者更全面理解，现总结如表 6.1 所示。

表 6.1 研究假设汇总表

议题	假设	内容
价格环境对消费者价格评价的影响	假设 19	参与程度越高，对价格公平性影响越大
	假设 20	参与程度越高，对价格多样性影响越大
	假设 21	价格感知经验越多，对价格公平性影响越大
	假设 22	价格感知经验越多，对价格多样性影响越大
	假设 23	参与程度越高，对价格廉价性的影响越大
	假设 24	价格感知经验越多，对价格廉价性的影响越大

议题	假设	内容
价格环境对消费者价格评价的影响	假设 25	满意度对价格多样性的影响较强
	假设 26	满意度对价格公平性的影响较强
	假设 27	满意度对价格廉价性的影响较强

6.1.2　调研设计

当价格多样性是评价的一个维度时，消费者可能会很少利用简单推断得出的信息。当价格从单维到多维扩展之后，消费者所需要解决更加复杂问题的行为也逐渐增多，随之体现出的是消费者交易前信息搜寻范围的拓宽与交易前后价格评价的更为深入。营销研究人员一直认为消费者行为在决策过程与消费者在购买决策前的信息搜寻是不同的。正如前面论述的价格结构扩展至多样性和公平性意味着分析过程的延伸，理解哪些因素影响着消费者行为，可以帮助识别影响消费者价格评价的环境因素。

为了进行消费者行为对其价格评价的影响研究，笔者在深入研究现有文献的基础上，对顾客、服务人员和管理人员进行了深入的个别访谈。在文献研究和个别访谈的基础上，设计了初步的调查问卷，并依据行业内专家的意见对问卷进行了多次修改。为确保测量工具的信度及效度，在各概念的操作定义及测量方法上，尽量采用国内外现有文献中使用过的量表（见表 6.2），并对多数变量使用了多个指标进行测量，然后再根据本研究的目的加以修改，作为搜集实证资料的工具。这些指标均通过了在大规模调查之前的有关测试（如消费者访谈与探索性因子分析等）。接下来，在天津市移动通信高校学生市场进行了相关的调研。由于预调研范围和调研对象与进行消费者价格全面感知模型研究进行的一致，因此相关内容请参考第 5 章 5.1.2.1 节，在本节中只对价格环境相关变量的定义及度量指标进行说明。

6.1.2.1　变量的操作定义

在本章考察的子模型中，变量采用以下操作定义：

1. 参与程度

参与程度，一般被认为是消费者在问题处理过程中解决问题的行为参与程度。拉朱（Raju，1977）认为消费者的参与程度测量可由被调查人员对移动通信的熟悉程度来实现。根据帕杜拉·乔凡娜等人（Padula Giovanna and Busacca Bruno，2005）的研究经验，通过询问被调查人员移动通信服务是否重要，聚焦于参与程度的单维结构和开发移动通信服务个人相关性的测量,可避免陷入测量与参与程度类似的其他概念的危险。在此维度下,笔者开发了三个参与程度评价层面的测试项以评价消费者的参与程度。三个测量项目分别从消费者感知移动通信业务的重要性、移动通信对其帮助的程度及消费者需要移动服务的程度来进行度量。

2. 价格感知经验

价格感知经验,意味着消费者在贯彻一个复杂的购买分析过程时,消费者从事这一过程所积累的影响购买分析过程扩展的认知与能力。研究表明,经验在识别决策过程的扩展和购买信息搜寻中起着重要的作用(Alba and Hutchinson, 1987; Mitchell and Dacin, 1996)。价格感知经验逐步使消费者的认知结构更趋复杂,进一步增强了消费者区分不同选择的能力,以达到识别细微差异的目的(Alba and Hutchinson, 1987)。为考核消费者在此变量下的影响因素,笔者从移动通信消费者获知移动通信运营资费价格的途径、方式及其对新价格信息的反馈程度进行测量(Mitchell and Dacin, 1996)。

3. 满意度

满意度,指消费者对自己在某个服务企业消费经历的满意程度。消费者的满意度对厂商提供的商品价值感知具有重要的调节作用,因此满意程度对消费者的价格评价也应具有一定的影响力。顾客满意的测量采用了奥科弗等人(Oliver and Swan,1989;Park,1976)的尺度。笔者为衡量消费者满意度对价格评价的影响,开发了两个测试层面,一个是作为具体业务方案满意的衡量,另一个是作为总体的顾客满意。

6.1.2.2 变量计量项目

本项研究中,除了调查对象的人口统计变量外,概念模型中的变量均采用李科特七点计量尺度。各变量的计量尺度来源,如表 6.2 所示。

表 6.2 计量尺度来源

测量变量	计量尺度	计量尺度来源
参与程度	Q_{10}、Q_{11}、Q_{12}	Raju(1977） Padula Giovanna and Busacca Bruno(2005）
价格感知经验	Q_{13}、Q_{14}、Q_{15} Q_{16}、Q_{17}、Q_{18}	Alba and Hutchinson(1987） Mitchell and Dacin(1996）
满意度	Q_{19}、Q_{20}、Q_{21}、Q_{22}	Oliver and Swan(1989） Park(1976）

6.2　预调研数据分析

预调研数据的样本概况已在第 5 章中有所描述，详细参见 5.2.1。本节主要以预调研数据的描述性统计分析、数据可靠性分析和探索性因子分析对预调研数据的质量进行初步的评价。

6.2.1　预调研数据的描述性统计分析

使用 SPSS 15.0 统计软件，计算本项研究中 8 个计量指标的平均数和标准差，计算结果如表 6.3 所示。

表 6.3　探索性研究指标的平均值和标准差

变量	变量计量	平均值	标准差
参与程度 1	Q_{10}	4.25	1.15
参与程度 2	Q_{11}	4.27	1.12
参与程度 3	Q_{12}	4.2	1.07
价格感知经验 1	Q_{13}、Q_{14} 的平均数	4.34	1.27
价格感知经验 2	Q_{15}、Q_{16} 的平均数	4.18	1.18
价格感知经验 3	Q_{17}、Q_{18} 的平均数	4.28	1.09
满意度 1	Q_{19}、Q_{20} 的平均数	3.79	1.06
满意度 2	Q_{21}、Q_{22} 的平均数	3.68	1.02

6.2.2　预调研数据可靠性分析

本研究使用 SPSS 15.0 统计软件，计算各个计量尺度与子尺度的内部一致性系数，计算结果如表 6.4 所示。

表 6.4　预调研数据可靠性结果分析

变量	项目数	指标	项目数	相应的 α 系数
参与程度	3			0.923
价格感知	6			0.950
满意度	4			0.768

从表 6.4 可以看到,所有计量尺度的内部一致性系数在 0.768 到 0.95 之间,表明各个计量尺度都比较可靠。

6.2.3　预调研探索性因子分析

为了精简调查问卷的内容,采用探索性因子分析来检验问卷中的参与程度、价格感知经验和满意度等 3 个变量的内在因子结构。在分析之前,首先使用统计分析软件 SPSS 15.0 对样本的充分性进行检验。样本充分性的 KMO 测试系数为 0.766,样本分布的球形巴特利特检验的卡方检验值为 6876.43,显著性水平为 0.000,这表明原始数据为一般适合做因子分析。

通过因子分析,最后提炼出 3 个因子(因子提取结果如表 6.5 所示)。

表 6.5　预调研数据探索性因子分析

题项	价格感知经验调节因子	满意度调节因子	参与程度调节因子
Q_{15}	0.991		
Q_{16}	0.989		
Q_{17}	0.988		
Q_{18}	0.987		
Q_{13}	0.983		
Q_{14}	0.977		
Q_{19}		0.989	
Q_{21}		0.988	
Q_{20}		0.988	
Q_{22}		0.987	
Q_{11}			0.978
Q_{10}			0.976
Q_{12}			0.975

结果显示，3 个特征值大于 1 的因子，因子负载情况比较好，而且它们所累积解释的方差百分比为 98.203%，这说明本次研究对这些关键变量的测量是有效的。第一个因子载荷的是价格感知经验调节因子，第二个因子载荷的是满意度调节因子，第三个因子载荷的是价格参与程度调节因子。

6.3　正式数据分析

正式调研数据的样本概况已在第 5 章中有所描述，详细参见 5.3.1。本节主要对正式调研数据的质量和实证研究的结果进行分析与评价。

6.3.1　数据质量分析

本节介绍研究数据的描述性统计分析、数据可靠性分析和数据处理方法的检验分析，主要包括数据的描述性统计、CITC 分析、巴特利特球形检验与 KMO 检验、因子分析、因子共同度分析等。

6.3.1.1　研究数据的描述性统计分析

使用 SPSS 15.0 统计软件，计算了本项研究中 8 个计量指标的平均值和标准差，计算结果如表 6.6 所示。

表 6.6　探索性研究指标的平均值和标准差

变量	变量计量	平均值	标准差
参与程度 1	Q_{10}	4.11	1.11
参与程度 2	Q_{11}	4.09	1.09
参与程度 3	Q_{12}	4.08	1.07
价格感知经验 1	Q_{13}、Q_{14} 的平均数	4.23	1.17
价格感知经验 2	Q_{15}、Q_{16} 的平均数	4.24	1.16
价格感知经验 3	Q_{17}、Q_{18} 的平均数	4.23	1.14
满意度 1	Q_{19}、Q_{20} 的平均数	3.77	1.04
满意度 2	Q_{21}、Q_{22} 的平均数	3.78	1.04

6.3.1.2 CITC 分析

采用纠正条目的总相关系数净化调查问卷的测量条目。

本研究所涉及的 CITC 系数都大于 0.5，测量指标均在 0.832～0.932 之间（见表 6.7）。数据表明：在 3 个变量维度下，每一问题项都在各自变量下具有较好的一致性。

表 6.7　变量的 CITC 分析

变量	项目数	问题项	CITC	Cronbach's Alpha
参与程度	3	Q_{11}	0.832	0.912
		Q_{10}	0.916	
		Q_{12}	0.911	
价格感知经验	6	Q_{15}	0.832	0.956
		Q_{16}	0.916	
		Q_{17}	0.911	
		Q_{18}	0.92	
		Q_{13}	0.932	
		Q_{14}	0.915	
满意度	4	Q_{19}	0.855	0.925
		Q_{21}	0.873	
		Q_{20}	0.922	
		Q_{22}	0.901	

6.3.1.3 因子分析

1. 因子分析前的条件判别

在对调查问卷进行因子分析之前，首先对样本进行 KMO 与球形巴特利特卡方检验。

表 6.8　样本 KMO 与球形巴特利特（Bartlett）卡方检验

样本充分性 KMO 检验		0.801
样本分布的 Bartlett 检验	卡方检验值	117611.643
	自由度	78
	显著性	0.000

以上结果显示：根据凯泽（kaiser）的观点，如果 KMO 的值小于 0.5 时，较不宜进行因子分析，此处 KMO 的值为 0.801（见表 6.8），表示适合进行因子分析。此外，巴特利特球形检验的卡方值为 117611.643，显著性为 0.000，代表母群体的相关矩阵间有共同因子存在，适合进行因子分析。

2. 因子分析

（1）因子提取

在此，采用主成分分析法提取因子，利用方差最大法进行因子旋转，得出的碎石图如图 6.1 所示。

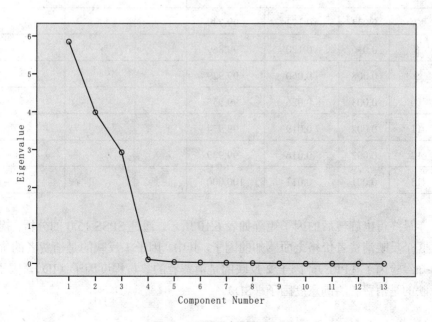

图 6.1　因子分析碎石图

在图 6.1 中，横坐标为因子数目，纵坐标为特征根。可以看到：第 1 个因子特征根的值较高，对解释原有变量的贡献最大；而第 4 个以后的因子特征根值都较小，对解释原有变量的贡献很小，已经成为可被忽略的"高山脚下的碎石"，因此提取 3 个因子是合适的；表 6.9 所列出的总体解释方差表中，特征值大于 1 的因子一共有 3 个，所以综合起来考虑，以选取 3 个因子数为宜。

表 6.9　总体解释方差表

公因子数目	特征值			旋转前累计平方负荷		
	总分	方差百分比	累积贡献率%	总分	方差百分比	累积贡献率%
1	5.850	45.001	45.001	5.850	45.001	45.001
2	3.986	30.660	75.661	3.986	30.660	75.661
3	2.930	22.542	98.203	2.930	22.542	98.203
4	0.109	0.837	99.040			
5	0.041	0.316	99.356			
6	0.029	0.220	99.576			
7	0.023	0.173	99.749			
8	0.016	0.120	99.869			
9	0.008	0.060	99.929			
10	0.003	0.026	99.955			
11	0.002	0.019	99.974			
12	0.002	0.016	99.989			
13	0.001	0.011	100.000			

最终得出旋转后的因子矩阵如表 6.10 所示，通过 SPSS 15.0 的分析，提取出 3 个反映消费者价格全面感知的因子，其中，因子 1 反映的是消费者的价格感知经验因子（PPE），因子 2 反映的是消费者的参与程度因子（ID），因子 3 反映的是消费者的满意度因子（SD）。

表 6.10　旋转后的因子矩阵

题项	解释变异量 %	累积解释变异量%	抽取的因子		
			因子 1	因子 2	因子 3
Q_{15}			0.991		
Q_{16}			0.989		
Q_{17}	44.887	44.887	0.988		
Q_{18}			0.987		
Q_{14}			0.983		
Q_{19}			0.977		
Q_{21}				0.996	
Q_{20}	30.523	75.410		0.996	
Q_{22}				0.995	
Q_6				0.995	
Q_{11}					0.994
Q_{10}	22.793	98.203			0.993
Q_{12}					0.992

3 个主成分的方差贡献率分别是：44.887%、30.523%、22.793%；累积方差贡献率是 98.203%，这说明因子对这些关键变量的测量是有效的。通常选取累积方差贡献率大于 85%时的特征根个数为因子提取数，由此可见 3 个因子的解释度都较高。

（2）因子共同度分析

根据原有变量的相关系数矩阵，采用主成分分析法提取因子并选取特征根值大子 1 的特征根。因子分析的初始解，分析结果如表 6.11 所示。

表 6.11　因子共同度分析

测试项	初始解下共同度	提取因子后共同度
Q_{10}	1	0.987
Q_{11}	1	0.990
Q_{12}	1	0.986
Q_{13}	1	0.965

续表

测试项	初始解下共同度	提取因子后共同度
Q_{14}	1	0.954
Q_{15}	1	0.983
Q_{16}	1	0.980
Q_{17}	1	0.979
Q_{18}	1	0.976
Q_{19}	1	0.993
Q_{20}	1	0.991
Q_{21}	1	0.993
Q_{22}	1	0.991

表 6.11 是因子分析的初始解，显示了所有变量的共同度数据。第一列是因子分析初始解下的变量共同度，它表明：对原有 13 个变量如果采用主成分分析方法提取所有特征根（13 个），那么原有变量的所有方差都可被解释，变量的共同度均为 1（原有变量标准化后的方差为 1）。因子分析的目标是降低原有变量的因子个数，所以不可提取全部特征根；第二列是在按指定提取条件（这里指特征根大于 1）提取特征根时的共同度。可以看到，各变量的绝大部分信息（大于 80%）可被因子解释，即变量的信息丢失较少。因此本次因子提取的总体效果比较理想。

6.3.2　实证结果与讨论

在这一部分，将结合第 5 章消费者价格属性全面感知子模型的实证研究数据，通过结构方程模型建立消费者价格评价与价格环境因素之间的关系模型，并在相关模型上衡量价格环境因素对消费者价格评价的影响特征。

6.3.2.1　参与程度和价格感知经验对价格廉价性的影响分析

1. 理论模型提出

对于理论模型和研究假设采用软件 AMOS 7.0 进行结构方程检验，估计方法为极大似然法。模型测量用三种模式计算，即内定模式（根据理论模型设定的模式）、独立模式（模型中所有变量完全独立）、饱和模式（没有约束，总是完美拟合数据的模式），内定模式的拟合度量在独立模式和饱和模式之间时模型获得证明。最后，对模型的拟合情况做出客观的评价。

结合第 4 章基于第二层与第三层因素构建的子模型研究假设，价格廉价性受价格环境中参与程度与价格感知经验影响的理论模型如图 6.2 所示。

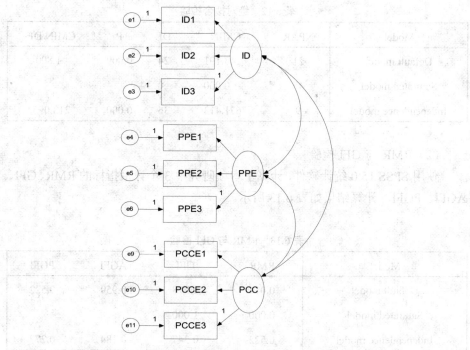

图 6.2　参与程度与价格感知经验对价格廉价性的调节作用模型

理论模型中变量汇总：

（1）内生观测变量

ID1（参与程度 1）、ID2（参与程度 2）、ID3（参与程度 3）

PPE1（价格感知经验 1）、PPE2（价格感知经验 2）、PPE3（价格感知经验 3）

PCCE1（价格廉价评价 1）、PCCE2（价格廉价评价 2）、PCCE3（价格廉价评价 3）

（2）外生非观测变量

ID（参与程度）、PPE（价格感知经验）、PCC（价格廉价性感知）

e1、e2、e3、e4、e5、e6、e9、e10、e11 为各观察项残差

2. 模型检验与论证

（1）绝对拟合检验

使用 SPSS 15.0 统计软件，计算了本项研究中 3 个计量指标的 NPAR、CMIN、DF、P、CMIN/DF，计算结果如表 6.12 所示。

表 6.12   绝对拟合检验

Model	NPAR	CMIN	DF	P	CMIN/DF
Default model	21	43.191	24	0.009	1.800
Saturated model	45	0.000	0		
Independence model	9	7671.413	36	0.000	213.095

（2）RMR 与 GFI 检验

使用 SPSS 15.0 统计软件，计算了本项研究中 3 个计量指标的 RMR、GFI、AGFI、PGFI，计算结果如表 6.13 所示。

表 6.13   RMR 与 GFI 检验

Model	RMR	GFI	AGFI	PGFI
Default model	0.014	0.978	0.959	0.522
Saturated model	0.000	1.000		
Independence model	0.522	0.347	0.184	0.277

（3）Baseline Comparisons 检验

使用 SPSS 15.0 统计软件，计算了本项研究中 3 个计量指标的 NFIDelta1、RFIrho1、IFIDelta2、TLIrho2、CFI，计算结果如表 6.14 所示。

表 6.14   Baseline Comparisons 检验

Model	NFI Delta1	RFI rho1	IFI Delta2	TLI rho2	CFI
Default model	0.994	0.992	0.997	0.996	0.997
Saturated model	1.000		1.000		1.000
Independence model	0.000	0.000	0.000	0.000	0.000

（4）Parsimony-Adjusted Measures

使用 SPSS 15.0 统计软件，计算了本项研究中 3 个计量指标的 PRATIO、PNFI、PCFI，计算结果如表 6.15 所示。

表 6.15　Parsimony-Adjusted Measures

Model	PRATIO	PNFI	PCFI
Default model	0.667	0.663	0.665
Saturated model	0.000	0.000	0.000
Independence model	1.000	0.000	0.000

（5）NCP、FMIN 与 RMSEA 检验

使用 SPSS 15.0 统计软件，计算了本项研究中 3 个计量指标的 NCP、LO 90、HI 90，计算结果如表 6.16 所示。

表 6.16　NCP 检验

Model	NCP	LO 90	HI 90
Default model	19.191	4.614	41.594
Saturated model	0.000	0.000	0.000
Independence model	7635.413	7350.769	7926.342

使用 SPSS 15.0 统计软件，计算了本项研究中 3 个计量指标的 FMIN、F0、LO 90、HI 90，计算结果如表 6.17 所示。

表 6.17　FMIN 检验

Model	FMIN	F0	LO 90	HI 90
Default model	0.102	0.045	0.011	0.098
Saturated model	0.000	0.000	0.000	0.000
Independence model	18.093	18.008	17.337	18.694

使用 SPSS 15.0 统计软件，计算了本项研究中 2 个计量指标的 RMSEA、LO 90、HI 90、PCLOSE，计算结果如表 6.18 所示。

表 6.18　RMSEA 检验

Model	RMSEA	LO 90	HI 90	PCLOSE
Default model	0.043	0.021	0.064	0.676
Independence model	0.707	0.694	0.721	0.000

（6）HOELTER 临界检验

使用 SPSS 15.0 统计软件，计算了本项研究中 2 个计量指标的 HOELTER.05、HOELTER.01，计算结果如表 6.19 所示。

表 6.19　HOELTER 临界检验

Model	HOELTER .05	HOELTER .01
Default model	358	422
Independence model	3	4

一般情况下，绝对拟和检验的 P 值小于 0.05，模型应该被拒绝。本模型验证发现，绝对拟合检验 P（CMIN）值为 0.009，但 Hoelter 临界数表明本模型的样本量（425）是大样本，可判断原假设如仅以绝对拟合检验判定将出现误拒，同时其他检验结果表明模型可接受，因此 AMOS 7.0 综合判断模型为真。

3. 理论模型结果分析

（1）回归系数

使用 SPSS 15.0 统计软件，计算了本项研究中 9 个计量指标的 Estimate、S.E.、C.R.、P、Label，计算结果如表 6.20 所示。

表 6.20　路径回归系数

			Estimate	S.E.	C.R.	P	Label
ID3	<---	ID	1.000				
ID2	<---	ID	1.019	0.010	106.155	***	
ID1	<---	ID	1.039	0.011	94.991	***	

续表

			Estimate	S.E.	C.R.	P	Label
PPE3	<---	PPE	1.000				
PPE2	<---	PPE	1.021	0.010	97.416	***	
PPE1	<---	PPE	1.006	0.015	65.416	***	
PCCE3	<---	PCC	1.000				
PCCE2	<---	PCC	1.007	0.015	66.009	***	
PCCE1	<---	PCC	1.010	0.015	69.313	***	

（2）标准回归系数

使用 SPSS 15.0 统计软件，计算了本项研究中 9 个计量指标的 Estimate，计算结果如表 6.21 所示。

表 6.21　标准化路径回归系数

			Estimate
ID3	<---	ID	0.988
ID2	<---	ID	0.994
ID1	<---	ID	0.989
PPE3	<---	PPE	0.986
PPE2	<---	PPE	0.993
PPE1	<---	PPE	0.967
PCCE3	<---	PCC	0.976
PCCE2	<---	PCC	0.979
PCCE1	<---	PCC	0.983

（3）隐变量相关系数

使用 SPSS 15.0 统计软件，计算了本项研究中 3 个计量指标的 Estimate，计算结果如表 6.22 所示。

表 6.22　隐变量相关系数

			Estimate
ID	<-->	PPE	0.046
ID	<-->	PCC	0.032
PPE	<-->	PCC	−0.025

（4）理论模型路径图

使用 SPSS 15.0 统计软件，计算了本项研究中 9 个计量指标的路径系数，计算结果如图 6.3 所示。

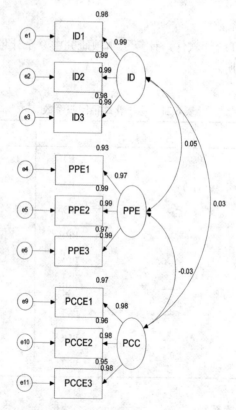

图 6.3　参与程度与价格感知经验对价格廉价性的调节作用路径图

AMOS 7.0 结构方程模型分析结果表明，价格环境因素中消费者参与程度与价格感知经验对消费者价格廉价性感知有直接影响，其中参与程度对价格廉价性有正向作用,而价格感知经验对价格廉价性有负向作用。消费者这一价格行为特征在生活中也有切实的体现,如对廉价商品敏感型消费者的参与程度和价格感知经验一般较非廉价敏感型消费者要强烈得多。由此,也证明了以下两个假设:

假设 23:参与程度越高,对价格廉价性的影响越大。

假设 24:价格感知经验越多,对价格廉价性的影响越大。

6.3.2.2　参与程度和价格感知经验对价格公平性的影响分析

1. 理论模型提出

结合第 4 章基于第二层与第三层因素构建的子模型研究假设,价格公平性受价格环境中参与程度与价格感知经验影响的理论模型如图 6.4 所示。

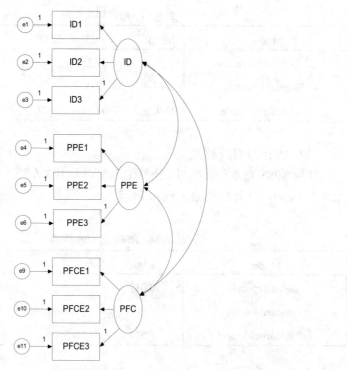

图 6.4　参与程度与价格感知经验对价格公平性的调节作用理论模型

理论模型中变量汇总:

(1)内生观测变量

ID1(参与程度 1)、ID2(参与程度 2)、ID3(参与程度 3)

PPE1（价格感知经验1）、PPE2（价格感知经验2）、PPE3（价格感知经验3）

PFCE1（价格公平评价1）、PFCE2（价格公平评价2）、PFCE3（价格公平评价3）

（2）外生非观测变量

ID（参与程度）、PPE（价格感知经验）、PFC（价格公平性感知）

e1、e2、e3、e4、e5、e6、e9、e10、e11为各观察项残差

2. 模型检验与论证

（1）绝对拟合检验

使用 SPSS 15.0 统计软件，计算了本项研究中 3 个计量指标的 NPAR、CMIN、DF、P、CMIN/DF，计算结果如表 6.23 所示。

表 6.23　绝对拟合检验

Model	NPAR	CMIN	DF	P	CMIN/DF
Default model	21	29.259	24	0.211	1.219
Saturated model	45	0.000	0		
Independence model	9	7404.643	36	0.000	205.685

（2）RMR 与 GFI 检验

使用 SPSS 15.0 统计软件，计算了本项研究中 3 个计量指标的 RMR、GFI、AGFI、PGFI，计算结果如表 6.24 所示。

表 6.24　RMR 与 GFI 检验

Model	RMR	GFI	AGFI	PGFI
Default model	0.012	0.985	0.972	0.525
Saturated model	0.000	1.000		
Independence model	0.528	0.350	0.187	0.280

（3）Baseline Comparisons 检验

使用 SPSS 15.0 统计软件，计算了本项研究中 3 个计量指标的 NFIDelta1、RFIrho1、IFIDelta2、TLIrho2、CFI，计算结果如表 6.25 所示。

表 6.25　Baseline Comparisons 检验

Model	NFI	RFI rho1	IFI Delta2	TLI rho2	CFI
Default model	0.996	0.994	0.999	0.999	0.999
Saturated model	1.000		1.000		1.000
Independence model	0.000	0.000	0.000	0.000	0.000

（4）Parsimony-Adjusted Measures

使用 SPSS 15.0 统计软件，计算了本项研究中 3 个计量指标的 PRATIO、PNFI、PCFI，计算结果如表 6.26 所示。

表 6.26　Parsimony-Adjusted Measures

Model	PRATIO	PNFI	PCFI
Default model	0.667	0.664	0.666
Saturated model	0.000	0.000	0.000
Independence model	1.000	0.000	0.000

（5）NCP、FMIN 与 RMSEA 检验

使用 SPSS 15.0 统计软件，计算了本项研究中 3 个计量指标的 NCP、LO 90、HI 90，计算结果如表 6.27 所示。

表 6.27　NCP 检验

Model	NCP	LO 90	HI 90
Default model	5.259	0.000	23.130
Saturated model	0.000	0.000	0.000
Independence model	7368.643	7089.059	7654.511

使用 SPSS 15.0 统计软件，计算了本项研究中 3 个计量指标的 FMIN、F0、LO 90、HI 90，计算结果如表 6.28 所示。

表 6.28　FMIN 检验

Model	FMIN	F0	LO 90	HI 90
Default model	0.069	0.012	0.000	0.055
Saturated model	0.000	0.000	0.000	0.000
Independence model	17.464	17.379	16.719	18.053

使用 SPSS 15.0 统计软件，计算了本项研究中 2 个计量指标的 RMSEA、LO 90、HI 90、PCLOSE，计算结果如表 6.29 所示。

表 6.29　RMSEA 检验

Model	RMSEA	LO 90	HI 90	PCLOSE
Default model	0.023	0.000	0.048	0.966
Independence model	0.695	0.681	0.708	0.000

（6）HOELTER 临界检验

使用 SPSS 15.0 统计软件，计算了本项研究中 2 个计量指标的 HOELTER.05、HOELTER.01，计算结果如表 6.30 所示。

表 6.30　HOELTER 临界检验

Model	HOELTER .05	HOELTER .01
Default model	528	623
Independence model	3	4

以上检验结果表明模型可接受，因此 AMOS 7.0 综合判断模型为真。

3. 理论模型结果分析

（1）回归系数

使用 SPSS 15.0 统计软件，计算了本项研究中 9 个计量指标的 Estimate、S.E.、C.R.、P、Label，计算结果如表 6.31 所示。

表 6.31　路径回归系数

			Estimate	S.E.	C.R.	P	Label
ID3	<---	ID	1.000				
ID2	<---	ID	1.019	0.010	106.153	***	
ID1	<---	ID	1.039	0.011	94.999	***	
PPE3	<---	PPE	1.000				
PPE2	<---	PPE	1.021	0.010	97.424	***	
PPE1	<---	PPE	1.006	0.015	65.390	***	

			Estimate	S.E.	C.R.	P	Label
PFCE3	<---	PFC	1.000				
PFCE2	<---	PFC	1.011	.019	54.561	***	
PFCE1	<---	PFC	1.022	.017	60.201	***	

（2）标准回归系数

使用 SPSS 15.0 统计软件，计算了本项研究中 9 个计量指标的 Estimate，计算结果如表 6.32 所示。

表 6.32　标准化路径回归系数

			Estimate
ID3	<---	ID	0.988
ID2	<---	ID	0.994
ID1	<---	ID	0.989
PPE3	<---	PPE	0.986
PPE2	<---	PPE	0.993
PPE1	<---	PPE	0.967
PFCE3	<---	PFC	0.967
PFCE2	<---	PFC	0.968
PFCE1	<---	PFC	0.980

（3）隐变量相关系数

使用 SPSS 15.0 统计软件，计算了本项研究中 3 个计量指标的 Estimate，计算结果如表 6.33 所示。

表 6.33　隐变量相关系数

			Estimate
ID	<-->	PPE	0.046
ID	<-->	PFC	0.014
PPE	<-->	PFC	0.021

（4）理论模型路径图

使用 SPSS 15.0 统计软件，计算了本项研究中 9 个计量指标的路径系数，计算结果如图 6.5 所示。

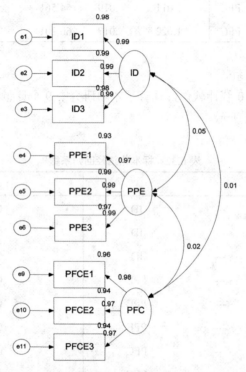

图 6.5　参与程度与价格感知经验对价格公平性的调节作用路径图

AMOS 7.0 结构方程模型分析结果表明，价格环境因素中消费者参与程度与价格感知经验对消费者价格公平性感知有直接影响，同时参与程度和价格感知经验对价格公平性都具正向作用。由此，也证明了以下两个假设：

假设 19：参与程度越高，对价格公平性影响越大。

假设 21：价格感知经验越多，对价格公平性影响越大。

6.3.2.3　参与程度和价格感知经验对价格多样性的影响分析

1. 理论模型提出

根据第 4 章中所提出的理论模型中第二层与第三层因素构建的子模型研究假设，价格多样性受价格环境中参与程度与价格感知经验影响的理论模型如图 6.6 所示。

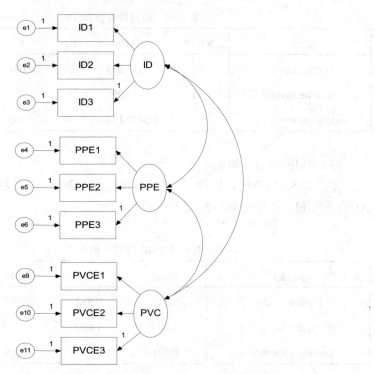

图 6.6　参与程度与价格感知经验对价格多样性的调节作用理论模型

理论模型中变量汇总：

（1）内生观测变量

ID1（参与程度 1）、ID2（参与程度 2）、ID3（参与程度 3）

PPE1（价格感知经验 1）、PPE2（价格感知经验 2）、PPE3（价格感知经验 3）

PVCE1（价格多样评价 1）、PVCE2（价格多样评价 2）、PVCE3（价格多样评价 3）

（2）外生非观测变量

ID（参与程度）、PPE（价格感知经验）、PVC（价格多样性感知）

e1、e2、e3、e4、e5、e6、e9、e10、e11 为各观察项残差

2. 模型检验与论证

各模型综合检验结果表明，模型可接受，详细检验结果如下。

（1）绝对拟合检验

使用 SPSS 15.0 统计软件，计算了本项研究中 3 个计量指标的 NPAR、CMIN、DF、P、CMIN/DF，计算结果如表 6.34 所示。

表 6.34　绝对拟合检验

Model	NPAR	CMIN	DF	P	CMIN/DF
Default model	21	34.239	24	0.081	1.427
Saturated model	45	0.000	0		
Independence model	9	6478.136	36	0.000	179.948

（2）RMR 与 GFI 检验

使用 SPSS 15.0 统计软件，计算了本项研究中 3 个计量指标的 RMR、GFI、AGFI、PGFI，计算结果如表 6.35 所示。

表 6.35 RMR 与 GFI 检验

Model	RMR	GFI	AGFI	PGFI
Default model	0.017	0.982	0.967	0.524
Saturated model	0.000	1.000		
Independence model	0.501	0.367	0.208	0.293

（3）Baseline Comparisons 检验

使用 SPSS 15.0 统计软件，计算了本项研究中 3 个计量指标的 NFIDelta1、RFIrho1、IFIDelta2、TLIrho2、CFI，计算结果如表 6.36 所示。

表 6.36 Baseline Comparisons 检验

Model	NFI Delta1	RFI rho1	IFI Delta2	TLI rho2	CFI
Default model	0.995	0.992	0.998	0.998	0.998
Saturated model	1.000		1.000		1.000
Independence model	0.000	0.000	0.000	0.000	0.000

（4）Parsimony-Adjusted Measures

使用 SPSS 15.0 统计软件，计算了本项研究中 3 个计量指标的 PRATIO、PNFI、PCFI，计算结果如表 6.37 所示。

表 6.37　Parsimony-Adjusted Measures

Model	PRATIO	PNFI	PCFI
Default model	0.667	0.663	0.666
Saturated model	0.000	0.000	0.000
Independence model	1.000	0.000	0.000

（5）NCP、FMIN 与 RMSEA 检验

使用 SPSS 15.0 统计软件，计算了本项研究中 3 个计量指标的 NCP、LO 90、HI 90，计算结果如表 6.38 所示。

表 6.38　NCP 检验

Model	NCP	LO 90	HI 90
Default model	10.239	0.000	29.873
Saturated model	0.000	0.000	0.000
Independence model	6442.136	6180.880	6709.678

使用 SPSS 15.0 统计软件，计算了本项研究中 3 个计量指标的 FMIN、F0、LO 90、HI 90，计算结果如表 6.39 所示。

表 6.39　FMIN 检验

Model	FMIN	F0	LO 90	HI 90
Default model	0.081	0.024	0.000	0.070
Saturated model	0.000	0.000	0.000	0.000
Independence model	15.279	15.194	14.578	15.825

使用 SPSS 15.0 统计软件，计算了本项研究中 2 个计量指标的 RMSEA、LO 90、HI 90、PCLOSE，计算结果如表 6.40 所示。

表 6.40　RMSEA 检验

Model	RMSEA	LO 90	HI 90	PCLOSE
Default model	0.032	0.000	0.054	0.903
Independence model	0.650	0.636	0.663	0.000

（6）HOELTER 临界检验

使用 SPSS 15.0 统计软件，计算了本项研究中 2 个计量指标的 HOELTER.05、HOELTER.01，计算结果如表 6.41 所示。

表 6.41　HOELTER 临界检验

Model	HOELTER .05	HOELTER .01
Default model	451	533
Independence model	4	4

3. 理论模型结果分析

（1）回归系数

使用 SPSS 15.0 统计软件，计算了本项研究中 9 个计量指标的 Estimate、S.E.、C.R.、P、Label，计算结果如表 6.42 所示。

表 6.42　路径回归系数

			Estimate	S.E.	C.R.	P	Label
ID3	<---	ID	1.000				
ID2	<---	ID	1.019	0.010	106.149	***	
ID1	<---	ID	1.039	0.011	95.006	***	
PPE3	<---	PPE	1.000				
PPE2	<---	PPE	1.021	0.010	97.417	***	
PPE1	<---	PPE	1.006	0.015	65.386	***	
PVCE3	<---	PVC	1.000				
PVCE2	<---	PVC	1.004	0.034	29.494	***	
PVCE1	<---	PVC	0.958	0.035	27.366	***	

（2）标准回归系数

使用 SPSS 15.0 统计软件，计算了本项研究中 9 个计量指标的 Estimate，计算结果如表 6.43 所示。

表 6.43 标准化路径回归系数

			Estimate
ID3	<---	ID	0.988
ID2	<---	ID	0.994
ID1	<---	ID	0.989
PPE3	<---	PPE	0.986
PPE2	<---	PPE	0.993
PPE1	<---	PPE	0.967
PVCE3	<---	PVC	0.895
PVCE2	<---	PVC	0.935
PVCE1	<---	PVC	0.895

（3）隐变量相关系数

使用 SPSS 15.0 统计软件，计算了本项研究中 3 个计量指标的 Estimate，计算结果如表 6.44 所示。

表 6.44 隐变量相关系数

			Estimate
ID	<-->	PPE	0.046
ID	<-->	PVC	0.054
PPE	<-->	PVC	−0.038

（4）理论模型路径图

使用 SPSS 15.0 统计软件，计算了本项研究中 9 个计量指标的路径系数，计算结果如图 6.7 所示。

AMOS 7.0 结构方程模型分析结果表明，价格环境因素中消费者参与程度与价格感知经验对消费者价格多样性感知有直接影响，其中参与程度对价格多样性感知有正向作用，而价格感知经验对价格多样性感知有负向作用。由此，也证明了以下两个假设：

假设 20：参与程度越高，对价格多样性影响越大。

假设 22：价格感知经验越多，对价格多样性影响越大。

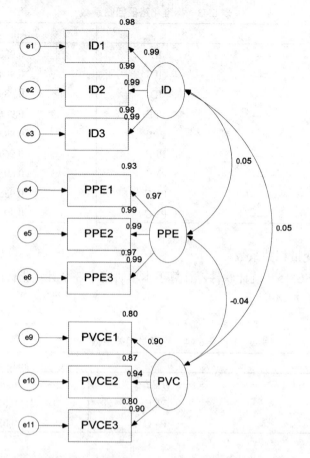

图 6.7　参与程度与价格感知经验对价格多样性的调节作用路径图

6.3.2.4　满意度对价格感知属性的影响分析

1. 理论模型提出

根据第 4 章中所提出的理论模型中第二层与第三层因素构建的子模型研究假设，消费者价格属性受满意度影响的理论模型如图 6.8 所示。

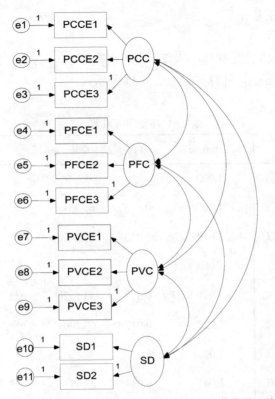

图 6.8　满意度对消费者价格感知属性的调节作用理论模型

理论模型中变量汇总：

（1）内生观测变量

PCCE1（价格廉价评价 1）、PCCE2（价格廉价评价 2）、PCCE3（价格廉价评价 3）

PFCE1（价格公平评价 1）、PFCE2（价格公平评价 2）、PFCE3（价格公平评价 3）

PVCE1（价格多样评价 1）、PVCE2（价格多样评价 2）、PVCE3（价格多样评价 3）

SD1（满意度 1）、SD2（满意度 2）

（2）外生非观测变量

PCC（价格廉价性感知）、PFC（价格公平性感知）、PVC（价格多样性感知）ID（参与程度）

e1、e2、e3、e4、e5、e6、e7、e8、e9、e10、e11 为各观察项残差

2. 理论模型分析

（1）回归系数

使用 SPSS 15.0 统计软件，计算了本项研究中 11 个计量指标的 Estimate、S.E.、C.R.、P、Label，计算结果如表 6.45 所示。

表 6.45　路径回归系数

			Estimate	S.E.	C.R.	P	Label
PCCE3	<---	PCC	1.000				
PCCE2	<---	PCC	1.007	0.015	65.951	***	
PCCE1	<---	PCC	1.010	0.015	69.292	***	
PFCE3	<---	PFC	1.000				
PFCE2	<---	PFC	1.011	0.019	54.572	***	
PFCE1	<---	PFC	1.022	0.017	60.200	***	
PVCE3	<---	PVC	1.000				
PVCE2	<---	PVC	1.003	0.034	29.495	***	
PVCE1	<---	PVC	0.958	0.035	27.377	***	
SD2	<---	SD	1.000				
SD1	<---	SD	0.540	0.504	1.073	0.283	

从 SD1 至 SD 路径 C.R.值为 1.073，小于 1.96 称之为显著，即此路径回归系数在 0.05 显著性水平上受拒。因此该理论模型未获通过。

（2）理论模型分析

AMOS 7.0 结构方程模型分析表明，满意度调节因素对消费者价格属性感知的模型受拒。也就是说，本模型样本体现出移动通信行业中高校学生消费群在移动通信服务中满意情况与其对价格的影响情况不匹配，即证伪了以下三个假设：

假设 25：满意度对价格多样性的影响较强。

假设 26：满意度对价格公平性的影响较强。

假设 27：满意度对价格廉价性的影响较强。

上述三个假设的证伪，例证了目前移动通信行业中高校学生消费群的状况，高校学生消费群服务满意情况与其可支配收入能力的不对称，也揭示了国内移动通信服务中消费者的弱势一面。虽然此三个假设未获证明，但是笔者认为消费者价格行为中满意度的调节作用不可因此而抹杀，并且在其他行业的营销研究也证实满意度对消费者价格行为具有明确的影响力。

6.3.2.5　实证总结

价格环境因素对消费者价格属性感知影响的子模型主要研究了价格环境因素中参与度、价格感知经验及满意度对消费者价格感知属性影响的特征。本章以移动通信行业高校学生消费群为研究对象，通过对消费者在移动通信服务中的参与程度、自身价格感知经验和服务满意度的评价，对上述研究内容进行了实证分析。在分析中采用了因子分析与结构方程模型分析等多元化的统计分析法，来全面考察上述研究变量间的关系。研究表明，各类价格环境因素对消费者价格感知属性的影响方式各有不同。

（1）实证研究结果表明，高校学生群体在移动通信服务中的参与程度越高，对其价格属性感知影响越大。

（2）研究也证明了，高校学生群体在移动通信服务中的价格感知经验越多，对其价格属性感知影响也越大。

（3）高校学生群体的实证数据证伪了，服务满意度对其价格属性感知的影响力。尽管满意度相关的三个假设未获证明，但笔者不否认消费者价格行为中满意度的调节作用。不过，此方面的研究情况也说明了不同行业与不同消费群的消费价格行为受价格环境因素的影响方式不同。

6.4　本章小结

本章的主要内容是对理论假设进行验证。在对数据进行基本处理的基础上，对所采用的指标以及数据质量进行了检验，接着，通过因子路径图验证了理论框架中与第二层和第三层所组合的子模型相关的假设。所得出的结论基本上支持了部分假设，也有小部分假设没有通过验证。研究对所有意料之中与意料之外的结果都进行了相关的解释。

第7章 结论与展望

自商品经济以来，消费者价格行为研究是营销理论与实证研究关注的热点，基于参考价格的消费者价格评价研究，更进一步深化了消费者价格行为历程的理论认知；同时通过对价格环境因素中参与程度、价格感知经验及满意度对消费者价格感知属性的影响特性分析，也从实践上为目标化的营销战略中客户管理提供了支持。本研究通过实证分析，验证了消费者价格全面感知中价格三重属性的特征和消费者价格行为受价格环境因素的影响。本章首先对整个研究的重要结论进行回顾整理，然后列举本研究的限制问题，以对后续研究提出一些建议。

7.1 研究结论与管理启示

7.1.1 研究结论

据前文可知，消费者价格行为研究一直强烈地吸引着各国营销学界的广泛关注，基于参考价格的消费者价格行为特征的理论与实践探索也如火如荼。期至当今，对消费者价格感知属性的特征和价格环境因素对消费者价格感知属性的影响尚缺乏系统性的理论研究与相关的实证研究。本书在前人理论研究成果的基础上，提出了基于参考价格的消费者价格评价模型，并在国内环境下验证了该模型的合理性。该研究主要得到以下结论：

（1）消费者价格全面感知可由价格廉价性、价格公平性和价格多样性共同表达。也就是说，消费者价格决策受购买廉价性与交易中所感知的价格公平性和价格多样性三方面价格感知属性调节。

（2）消费者价格感知属性之间存在相互影响。价格廉价性与价格公平性和价格多样性之间为负相关，而价格公平性与价格多样性之间为正相关。

（3）不同价格属性对消费者参考价格变动的影响方式不同。其中价格廉价性对消费者参考价格有负向影响，而消费者价格公平性和价格多样性可选择性地提高消费者的参考价格。

（4）价格属性对交易价格评价影响各异。研究表明，价格公平性和价格多样性对交易价格廉价评价都有正向作用。而在交易价格公平评价中，价格廉价性具有正向作用，价格多样性却起负向作用；另外，在交易价格多样评价时，价格廉价性具有正向作用，价格公平性具有负向作用。

（5）研究建立了以价格属性因子方差贡献为权重的消费者价格全面感知模型。利用此模型，营销战略管理者可以根据消费者价格行为特征进行针对性的市场策略管理。

（6）消费者的参与程度越高对其价格廉价性、价格公平性和价格多样性的感知影响越大。

（7）消费者的价格感知经验越多对其价格廉价性、价格公平性和价格多样性的感知影响越大。

（8）服务满意度对其价格属性感知影响未获证明，但笔者不认为消费者价格行为中满意度不具有调节作用。

7.1.2　管理启示

通过对参考价格基础上的消费者价格感知属性与相关影响因素的研究，其结论不但对市场营销战略管理者极具参考价值，同时对市场一线人员应对消费顾客群也有相当的借鉴意义。

第一，消费者价格感知基本属性为市场建立了一个梯度模块，价格廉价性与消费者期望和消费者剩余的获取直接关联，而价格公平性为消费者决策提供指引，价格多样性则预示着差异化消费者心理账户的别样行为方式。因此合格的市场战略管理者与市场一线人员有必要针对消费者的价格感知属性评价他们方案的合理性以优化组合市场管理路线。在商品价格定位上，管理者应切实根据消费者的价格适应度和消费群的价格行为特征进行差异化定价，以免价格过高，降低消费者对商品获取价值的感知而损伤消费热情，同时也须针对不同消费群实施差异定价，并积极传递给目标消费者价格公平性和价格多样性，实现双重交易价值的满足。

第二，研究发现消费者价格感知属性间的关系及价格感知属性对参考价格的影响方式也为市场营销管理者提供了商品价值传递与获取的新思路。传统的企业竞争多体现为商品的价格竞争，恶性价格战更是其极端的表现。价格战中，对于商品供应方来说，赢则意味着伴随高市场占有率却日趋微利的市场，输则被市场所淘汰；而对于消费者来讲，虽在价格战中享受着低价商品所带来的满足，但实则所消费的商品已变味走样，因为实施低价的商品多伴随商品成本的压缩，并且成本的压缩以品质降低为代价。因此，价格战，对市场各方都有伤害。倘若厂商在消费者价格感知属性上多作挖掘，当厂商进行差异定价时，传递给消费者价格公平的感知，即可在一定程度上实现不以目标客户群的参考价格降低为代价而获得销量的增长。比如在多层次价格的同类产品中，基本功能品的定价向低收入者倾斜，既可向社会传达厂商对低收入消费群的善意而占有低端市场，也可不变相降低多功能产品的高端市场消费者的参考价格而继续保持市场各方利益的双赢。

第三，消费者价值的获取因价格环境的变化而有着不同的感知形态，即价格环境对消费者价格感知属性具有一定的调节作用。价格环境的影响力，具体到实践中可认为，消费者的价格决策不但受产品本身品质与价格的影响，同时也受消费者周边环境的影响，即消费者的参与程度与价格感知经验等价格感知调节因素都对其购买决策共同起作用，但不同调节因素的作用方式与强度各有不同。因此，对于一线营销人员来说，如何通过价格环境因素调节消费者价格感知属性对商品的持续营销有着积极的意义。

总之，结合消费者剩余理论、前景理论和心理账户理论，全面认知消费者价格感知特性，为激烈竞争的市场环境下企业管理者筹划市场战略与实施积极的市场营销策略建立了通途。

7.2　研究的理论贡献

目前，营销学界从社会学与心理学等多个学科对消费者价格行为特征进行了多视角的认知，从而对消费者价格行为的解释也各具差异，其中从不同理论基础出发的解释也常有矛盾之处。因此，本书以基于参考价格的消费者价格评价的全新视角，立足消费者剩余理论、前景理论和心理账户理论建立了消费者价格全面感知属性中廉价性、公平性和多样性的辩证关系，并以实证研究探索了消费者价格感知属性特性及价格环境因素对价格感知属性影响等消费者价格行为诸方面的特征。通过此方面的研究，改善了消费者价格行为认知理论繁杂无序的状态，填补了价格环境外在影响与消费者内在行为特性关系的理论空白。

同时，消费者价格感知属性模型的建立弥补了当前消费者价格数量型模型市场应用面窄的不足，并以清晰的模型为企业管理者把握消费者价格行为特征提供价格属性面的衡量尺度。由此，将理论界与实践工作者在消费者价格行为属性特征的认知由定性的感知，提高到对消费者价格属性的量化评价与管理层面。

另外，通过消费者价格属性模型的研究，揭示了价格属性维度间相互关系及其对消费者价格全面感知的影响，为市场营销管理提供了理论方向。

再者，本研究将在前人研究之上，结合对消费者价格感知属性模型的研究而更进一步考察价格环境对消费者价格评价的影响，从而沟通价格环境因素与消费者价格属性模型间的关系，进而解决了前期价格环境因素的研究因集中于价格环境对消费者决策行为的影响而无法为管理者提供辨认市场策略对消费者影响程度的难题。因此，价格环境对消费者价格感知属性影响特性的成果应用有利于整合营销战略中定价与促销策略，进而为建立高效营销机制服务。

7.3　研究的局限性

本研究提出了一些创新性的学术观点，但因各类局限而致研究尚存在以下不足之处：

（1）本研究提出的概念模型是建立在现有理论基础之上的，由于其对瞬息万变的经济活动的解析难以概全，因此基于各理论基础所设立的潜变量也具有一定的时域限制。同时，与许多营销研究学者一样，在本研究中采用了横断调研法而没有采用纵贯调研法，以致实证数据对消费者的持续状态认知不足。因此无法对概念模型中各个潜变量之间的因果关系做出完全肯定的结论，而只能断定各个潜变量之间存在显著的相关关系。

（2）研究受限于时间、人力和成本等因素，仅针对天津市的移动通信行业中高校学生消费群进行调查和实证，因此样本的选择与数量都具有一定的局限性，其结论不能完全适用于整体市场，更无法推论至不同类型的行业。

（3）研究中价格环境因素仅选择了消费者参与程度、价格感知经验和满意度三方面作为消费者价格感知调节因素，而在现实的市场环境中，对消费者价格感知属性具有调节作用的因素还有很多，如消费者对商品的了解程度与消费者的消费支配度，等等，在本研究中没有被包括进来，因此更全面的价格环境因素的采用，将会促进对价格环境因素调节消费者价格感知属性的特征行为的认知。因此，价格环境的调节作用在本研究中尚未得到全面地研究，而有待于在今后的研究中进一步完善。

7.4　未来展望

在课题研究和写作进程中，笔者深深感到本研究仅是消费者价格感知属性探索的开始，更有许多问题亟待进一步地研究，认为在如下方面值得进一步的深入研究：

（1）消费者价格行为的研究一直不断地拓展与加深人们对消费者行为特性的认识，皆因市场的变化万千与消费者行为中诸多社会、文化与个人因素的复杂性。由此，研究者当持续保持对市场研究的热情，挖掘消费者价格行为的内涵，取之于市场，用之于市场。

（2）研究人员应进一步深化对消费者价格行为特征的认知，发展消费者价格感知属性因子的内涵，同时改进消费者价格评价的计量尺度，以便更精确地计量相关概念，实现理论与实践的相辅相成，以理论指导实践的深入，以实践促进理论的升华。

（3）本研究设计的满意度对消费者价格属性影响的模型，因行业与被调查消费者的局限而未获支持。因此选择合适研究范围以更好地调查研究满意度对消费者价格行为的影响有着积极的意义。同时，从宽广的价格环境因素入手，全面研究消费者价格感知属性的受控形式，可更好地用理论指导实践。

价格研究不应局限于消费者价格行为的研究，作为经济学研究的核心，消费者价格行为的研究更应放开视野，以市场中参与各方的价格行为特征为研究对象，进而更深入地认知经济活动，展现经济活动中价格的魅力。

附　录

移动通信资费调查问卷

尊敬的先生／女士：

您好！我们在进行一项关于移动通信资费评价的调查，我们希望了解您对移动通信资费的真实看法，我们保证为您的回答严格保密，并且郑重向您承诺，您的回答只用于学术研究。

请您根据您的亲身感受回答下列问题（1～7 表示您同意的程度："7"代表您完全同意，"6"代表您同意，"5"代表您基本同意，"4"代表您无所谓，"3"代表您基本不同意，"2"代表您不同意，"1"代表您完全不同意）。请根据您的感受将符合的答案用"√"勾选出来。

第一部分：移动通信资费价格的评价

资费价格的廉价性评价

1. 我的移动通信服务提供商提供的服务资费价格低

   7　6　5　4　3　2　1

2. 我的移动通信服务提供商提供便宜的价格套餐

   7　6　5　4　3　2　1

3. 我的移动通信服务提供商提供"特殊"优惠业务包（如亲情号码服务包等）

   7　6　5　4　3　2　1

资费价格的公平性评价

4. 我的移动通信服务提供商提供的资费价格与我预期一致

   7　6　5　4　3　2　1

5. 我的移动通信服务提供商提供的资费价格为我所接受

    7　6　5　4　3　2　1

6. 我的移动通信服务提供商提供的资费价格随用户的增加而降低

    7　6　5　4　3　2　1

资费价格的多样性评价

7. 我的移动通信服务提供商提供多种服务捆绑形式的价格套餐（如不同套餐所含短信条数不同）

    7　6　5　4　3　2　1

8. 我的移动通信服务提供商允许在不同的价格套餐之间自由选择

    7　6　5　4　3　2　1

9. 我的移动通信服务提供商的不同价格套餐中，服务相同但价格不同（比如每分钟通话价格不同）

    7　6　5　4　3　2　1

第二部分：移动通信资费价格环境的评价

移动通信业务的参与程度

10. 移动通信服务对我很重要

    7　6　5　4　3　2　1

11. 移动通信服务对我很有帮助

    7　6　5　4　3　2　1

12. 我很需要移动通信服务

    7　6　5　4　3　2　1

移动通信资费的价格感知经验

13. 我很熟悉移动通信资费价格

    7　6　5　4　3　2　1

14. 我经常向移动通信服务提供商咨询服务资费（致电或去营业厅）

    7　6　5　4　3　2　1

15. 我很愿意选择移动通信资费的捆绑业务包

    7　6　5　4　3　2　1

16. 我很愿意根据服务需要配置我的资费套餐

7 6 5 4 3 2 1

17. 我经常关注移动通信资费价格的宣传资料

    7 6 5 4 3 2 1

18. 我经常关注移动通信资费价格的调整信息

    7 6 5 4 3 2 1

移动通信服务的满意度评价

19. 我的移动通信服务提供商的业务方案很让我满意

    7 6 5 4 3 2 1

20. 我的移动通信服务提供商的业务处理效率很让我满意

    7 6 5 4 3 2 1

21. 我与我的移动通信服务提供商的服务经历很让我满意

    7 6 5 4 3 2 1

22. 我对我的移动通信服务提供商的服务整体感觉满意

    7 6 5 4 3 2 1

请您提供您简单的个人资料:

1. 性别

    A. 男   B. 女

2. 年龄

    A. 17 岁以下   B. 17～23 岁   C. 24～30 岁

    D. 31～40 岁   E. 40 岁以上

3. 教育程度

    A. 专科及以下   B. 本科及在读   C. 研究生以上

4. 个人月收入

    A. 500 元以下   B. 501～800 元   C. 801～1500 元

    D. 1500 元以上

非常感谢您的真诚合作,谢谢!

参考文献

[1] Adamy, Janet (2000), "E-Tailer Price Tailoring May Be Wave of Future," Chicago Tribune, September 25, 4.

[2] Adams, J. S. (1963), "Toward an Understanding of Inequity," Journal of Abnormal and Social Psychology, 67, 422-436.

[3] Adams, J. S. (1965). "Inequity in Social Exchange: Annual Review of Sociology," Palo Alto, CA: Annual Reviews, Inc.

[4] Adams, W. J. And Yellen, J. L. (1976), "Commodity Bundling and the Burden of Monopoly," Quarterly Journal of Economics, 90(3), 475-488.

[5] Ajzen, I., & Fishbein, M. (1980), "Understanding Attitudes and Predicting Social Behavior," Englewood Cliffs, NJ: Prentice-Hall Inc.

[6] Akerlof, G. A. (1970), "The Market for Lemons: Quality Uncertainty and the Market Mechanism," Quarterly Journal of Economics, 84(3), 488-500.

[7] Alba, J. W. and Hutchinson, J. W. (1987), "Dimensions of Consumer Expertise," Journal of Consumer Research, 13(4), 411-454.

[8] Alba, Joseph W., Broniarczyk, Susan M., Shimp, Terence A. and Urbany, Joel E. (1994), "The Influence of Prior Beliefs, Frequency Cues, and Magnitude Cues on Consumers' Perceptions of Comparative Price Data," Journal of Consumer Research, 21(2), 219-225.

[9] Alba, Joseph W., Howard Marmorstein, and Amitava Chattopadhyay (1992), "Transitions in Preference over Time: The Effect of Memory on Message Persuasiveness," Journal of Marketing Research, 29(4), 406-416.

[10] Allen, J. W., Gilbert, D. Harrell, and Michael D. Hutt (1976), Price Awareness Studies, Washington, D. C.: Food Marketing Institute.

[11] Alba, Joseph W., Mela, Carl F., Shimp, Terence A. and Urbany, Joel E. (1999), "The Effect of Discount Frequency and Depth on Consumer Price Judgments," Journal of Consumer Research, 26(2), 99-114.

[12] Alsop, Ronald (1990), "Brand Loyalty Is Rarely Blind Loyalty," in

American Way of Buying, New York: Dow Jones, 26-28.

[13] Anderson, E. W. and Mittal, V. (2000), "Strengthening the Satisfaction-Profit Chain," Journal of Service Research, 3(2), 107-120.

[14] Anderson, E. W. and Sullivan, M. W. (1993), "The Antecedents and Consequences of Customer Satisfaction for Firms," Marketing Science, 12(2), 125-143.

[15] Austin, W., N. McGinn, and C. Susmilch (1980), "Internal Standards Revisited: Effects of Social Comparisons and Expectancies on Judgments of Fairness and Satisfaction," Journal of Experimental Social Psychology, 16(5), 426-441.

[16] Bagozzi R. P., & Yi, Y. (1989), "On the Use of Structural Equation Models in Experimental Designs," Journal of Marketing Research, 26(3), 271-284.

[17] Bagozzi, Richard P., Mahesh Gopinath, and Prashanth U. Nyer (1999), "The Role of Emotions in Marketing," Journal of the Academy of Marketing Science, 27(2), 184-206.

[18] Bargh, John A. (1997), "The Automaticity of Everyday Life," Advances in Social Cognition, 10, 1-61.

[19] Bargh, John A. and Tanya L. Chartrand (1999), "The Unbearable Automaticity of Being," American Psychologist, 54(7), 462-479.

[20] Bargh, John A. (2000), "The Mind in the Middle: A Practical Guide to Priming and Automaticity Research," in Handbook of Research Methods in Social and Personality Psychology, ed. Harry T Reis and Charles M. Judd, Cambridge: Cambridge University Press, 253-285.

[21] Baumgartner, H., & Homburg, C. (1996), "Applications of Structural Equation Modeling in Marketing and Consumer Research: A Review," International Journal of Research in Marketing, 13(2), 139-161.

[22] Baumol, W. J. (1987), Superfairness. Cambridge, MA: MIT press.

[23] Bearden, William O., Carlson Jay P. and Hardesty David M. (2003), "Using Invoice Information to Frame Advertised Prices," Journal of Business Research, 56(5), 355-366.

[24] Bechwati, Nada Nasr and Maureen Morrin (2003), "Outraged Consumers: Getting Even at the Expense of Getting a Good Deal," Journal of Consumer Psychology, 13(4), 440-453.

[25] Bell, David R. and Bucklin, Randolph E. (1999), "The Role of Internal Reference Price in the Category Purchase Decision," Journal of Consumer Research, 26(2), 128-143.

[26] Bell, David R. and Lattin, James M. (1998), "Shopping Behavior and Consumer Preference for Retail Price Format: Why'Large Basket'Shoppers Prefer EDLP," Marketing Science, 17(1), 66-88.

[27] Bell, David R. and Lattin, James M. (2000), "Looking for Loss Aversion in Scanner Panel Data: The Confounding Effect of Price-Response Heterogeneity," Marketing Science, 19(2), 185-200.

[28] Bell, G. D. (1967), "The Automobile Buyer after the Purchase," Journal of Marketing, 31(3), 12-16.

[29] Berkowitz, Eric N. and Walton, John R. (1980), "Contextual Influences on Consumer Price Response: An Experimental Analysis," Journal of Marketing Research, 17(3), 349-359.

[30] Betancourt, Hector and Irene Blair (1992), "A Cognition Attribution-Emotion Model of Violence in Conflict Situations," Personality and Social Psychology Bulletin, 18(3), 343-350.

[31] Bettman, James R. (1979), An Information Processing Theory of Consumer Choice, Reading. MA: Addison-Wesley.

[32] Bettman, James R., John, Deborah Roedder and Scott, Carol A. (1985), "Covariation Assessment by Consumers," Journal of Consumer Research, 13(3), 316-326.

[33] Biehal, Gabriel and Dipankar Chakravarti (1983), "Information Accessibility as a Moderator of Consumer Choice," Journal of Consumer Research, 10(1), 1-14.

[34] Bies, R.J. (1986), "Identifying Principles of Interactional Justice: The Case of Corporate Recruiting," in Moving Beyond Equity Theory: New Directions on Organizational Justice, R.J. Bies, chair. Symposium presented at the meeting of the Academy of Management, Chicago.

[35] Bies, R.J. (1987), "The Predicament of Injustice: The Management of Moral Outrage," Research in Organizational Behavior, 9(4), 289-319.

[36] Bies, R.J. and D.L. Shapiro (1987), "International Fairness Judgments: The Influence of Causal Accounts," Social Justice Research, 1(2), 199-218.

[37] Bies, R.J. and D.L. Shapiro (1988), "Voice and Justification: Their Influence on Procedural Fairness and Judgments," Academy of Management Journal, 31(3), 676-685.

[38] Bishop, R. L. (1943), "Consumer's Surplus and Cardinal Utility," The Quarterly Journal of Economics, 57(3), 421-449.

[39] Biswas, Abhijit and Blair, Edward A. (1991), "Contextual Effects of Reference Price in Retail Advertisements," Journal of Marketing, 55(3), 1-12.

[40] Blattberg, Robert C., Thomas Buesing, Peter Peacock, and Subrata Sen (1978), "Identifying the Deal Prone Segment," Journal of Marketing Research, 15(3), 369-377.

[41] Blattberg, Robert C., Gary D. Eppen, and Joshua Lieberman (1981), "A Theoretical and Empirical Evaluation of Price Deals for Consumer Nondurables," Journal of Marketing, 45(1), 116-129.

[42] Bolton, Lisa E., Luk Warlop, and Joseph W. Alba (2003), "Consumer Perceptions of Price (Un)Fairness," Journal of Consumer Research, 29(4), 474-491.

[43] Bolton, R. and Lemon, K. L. (1999), "A Dynamic Model of Customers' Usage of Services: Usage as an Antecedent and Consequence of Satisfaction," Journal of Marketing Research, 36(2), 171-186.

[44] Bolton, Ruth N. (1989), "The Relationship between Characteristics and Promotional Price Elasticities," Marketing Science, 8(2), 153-169.

[45] Bougie, Roger, Rik Pieters, and Marcel Zeelenberg (2003), "Angry Customers Don't Come Back, They Get Back: The Experience and Behavioral Implications of Anger and Dissatisfaction in Services," Journal of the Academy of Marketing Science, 31(4), 377-393.

[46] Boulding, William, & Kirmani, Amna. (1993), "A Consumer-Side Experimental Examination of Signaling Theory: Do Consumers Perceive Warranties as Signals of Quality?" Journal of Consumer Research, 20(1), 111-123.

[47] Bowman, Douglas and Das Narayandas (2001), "Managing Customer-Initiated Contacts with Manufacturers: The Impact on Share of Category Requirements and Word-of-Mouth Behavior," Journal of Marketing Research, 38(3), 281-297.

[48] Brickman, Philip, Dan Coates, and Ronnie Janoff-Bulman (1978), "Lottery Winners and Accident Victims: Is Happiness Relative?" Journal of

Personality and Social Psychology, 36(8), 917-927.

[49] Bridges, Eileen, Yim, Chi Kin Bennett, and Briesch, Richard A. (1995), "A High-Tech Product Market Share Model with Customer Expectations," Marketing Science, 14(1), 61-81.

[50] Briesch, Richard A., Lakshman Krishnamurthi, Tridib Mazumdar, and S. P. Raj (1997), "A Comparative Analysis of Reference Price Models," Journal of Consumer Research, 24(2), 202-214.

[51] Brockner, J. and Jerald Greenberg (1989), "The Impact of Layoffs on Survivors: An Organizational Justice Perspective," Advances in Applied Social Psychology: Business Settings, 45-75.

[52] Brown, Donald Robert (1953), "Stimulus-Similarity and the Anchoring of Subjective Scales," American Journal of Psychology, 66(2), 199-214.

[53] Brucks, M. (1985), "The Effects of Product Class Knowledge on Information Search Behavior," Journal of Consumer Research, 12(1), 1-16.

[54] Bruner, G. C., & Hensel, P. J. (1994), Marketing Scales Handbook: A Compilation of Multi Item Measures, Chicago, IL: American Marketing Association.

[55] Bucklin, Randolph E. and Lattin, James M. (1991), "A Two-State Model of Purchase Incidence and Brand Choice," Marketing Science, 10(1), 24-39.

[56] Bultez, Alain (1975), "Price Cut versus Coupon Promotion: A Comparative Evaluation," Workong Paper No. 75/10, European Institute of Advanced Studies in Management, Brussels.

[57] Burnstein, E. and Katz, S. (1972), "Group Decisions Involving Equitable and Optimal Distribution of Status," in C. G. McClintock, ed., Experimental Social Psychology. New York: Holt, Rinehart, and Winston, Inc., 412-418.

[58] Campbell, Margaret C. (1999), "Perceptions of Price Unfairness: Antecedents and Consequences," Journal of Marketing Research, 36(2), 187-199.

[59] Campbell, Margaret C. (2004), "Who Says? How the Source of Price Information and the Direction of Price Change Influence Perceptions of Price Fairness," Working Paper, Department of Marketing, University of Colorado, Boulder.

[60] Carlston, Donal E. (1980a), "Events, Inferences, and Impression Formation," in Person Memory, ed. Reid Hastie et al. Hillsdale, NJ: Erihaum,

89-120.

[61] Carlston, Donal E (1980b), "The Recall and Use of Traits and Events in Social Inference Processes," Journal of Experimental Social Psychology, 16(4), 303-328.

[62] Chaiken, S. (1980), "Heuristic versus Systematic Information Processing and the Use of Source versus Message Cues in Persuasion," Journal of Personality and Social Psychology, 39(2), 752-756.

[63] Chang, Kwangpil, S. Siddarth, and Weinberg, Charles B. (1999), "The Impact of Heterogeneity in Purchase Timing and Price Responsiveness on Estimates of Sticker Shock Effects," Marketing Science, 18(2), 178-192.

[64] Chiem, Phat X. (1999), "Putting Shoppers on Cruise Control," Chicago Tribune (December 5), sec.5.

[65] Choi, E. K. & S. R. Johnson (1987), "Consumer's Surplus and Price Uncertainty," International Economic Review, 28(2), 407-411.

[66] Churchill, G. A., Jr. (1979), "A Paradigm for Developing Better Measures of Marketing Constructs," Journal of Marketing Research, 16(1), 64-73.

[67] Collie, Thérèse (Tess), Graham Bradley, and Beverley A. Sparks (2002), "Fair Process Revisited: Differential Effects of Interactional and Procedural Justice in the Presence of Social Comparison Information," Journal of Experimental Social Psychology, 38(6), 545-555.

[68] Conover, Jerry N. (1986), "The Accuracy of Price Knowledge: Issue in Research Methodology," Advances in Consumer Research, 13(1), 589-593.

[69] Cummings, W. H. and M. Venkatesan (1967), "Cognitive Dissonance and Consumer Behavior: A Review of the Evidence," Journal of Marketing Research, 13(3), 303-308.

[70] Currim, Imran and Linda Schneider (1991), "A Taxonomy of Consumer Purchase Strategies in a Promotion Intensive Environment," Marketing Science, 10(2), 91-110.

[71] Danaher, Peter (2002), "Optimal Pricing of Subscription Services: Analysis of a Market Experiment," Marketing Science, 21(2), 119-138.

[72] Darke, Peter R. and Darren W. Dahl (2003), "Fairness and Discounts: The Subjective Value of a Bargain," Journal of Consumer Psychology, 13(3), 328-338.

[73] Dehaene, Stanislas (1992), "Varieties of Numerical Abilities," Cognition,

44(1-2), 1-42.

[74] Della Bitta, Albert J. and Kent B. Monroe (1974), "The Influence of Adaptation Levels on Subjective Price Perceptions," Advances in Consumer Research, 1(1), 359-369.

[75] Della Bitta, A. J., Monroe, K. B. and McGinnis, J. M. (1981), "Consumers' Perception of Comparative Price Advertisements," Journal of Marketing Research, 18(4), 416-427.

[76] DeRidder, R., Schruijer, S. G., & Tripathi, R. C. (1992), Norm Violation as a Precipitating Factor of Negative Intergroup Relations, In R. DeRidder, & R. C. Tripathi (Eds.), Norm violation and intergroup relations. New York: Oxford University Press.

[77] Dickson, Peter R. and Alan G. Sawyer (1986), "Point-of-Purchase Behavior and Price Perceptions of Supermarket Shoppers," Report No. 86-102, Cambridge, MA: Marketing Science Institute.

[78] Dickson, Peter R. and Alan G. Sawyer (1990), "The Price Knowledge and Search of Supermarket Shoppers," Journal of Marketing, 54(3), 42-53.

[79] Dickson, P. R., & Kalapurakal, R. (1994). "The Use and Fairness of Pricing Rules in a Bulk Electricity Market," Journal of Economic Psychology, 15(3), 427-448.

[80] Dickson, Peter R. and Rosemary Kalapurakal (1994), "The Use and Perceived Fairness of Price-Setting Rules in the Bulk Electricity Market," Journal of Economic Psychology, 15(3), 427-448.

[81] Dodds, W. B., Monroe, K., & Grewal, D. (1991), "Effects of Price, Brand, and Store Information on Buyers' Product Evaluations," Journal of Marketing Research, 28 (3), 307-319.

[82] Dodge, Kenneth A. and John D. Cole (1987), "Social-Information-Processing Factors in Reactive and Proactive Aggression in Children's Peer Groups," Journal of Personality and Social Psychology, 53(6), 1146-1158.

[83] Dolan, R., & Simon, H. (1997), Power Pricing: How Managing Price Transforms the Bottom Line, New York: Free Press.

[84] Doob, Anthony, J. Merrill Carlsmith, Jonathan L. Freedman, Thomas K. Landauer, and Tom Soleng (1969), "Effect of Initial Selling Price on Subsequent Sales," Journal of Personality and Social Psychology, 11(4), 345-350.

[85] Dooley，P．C．(1983), "Consumer's Surplus：Marshall and His Critics," The Canadian Journal of Economics, 16(1), 26-38.

[86] Dwyer. F. R., Shurr, P. H. and Oh, S. (1987), "Developing Buyer and Seller Relationships," Journal of Marketing, 51(2), 11-27.

[87] Emerson, R. M. (1972), Exchange Theory, Part I: a Psychological Basis for Social Exchange, In J. Berger, M. Zelditch, Jr., & B. Anderson (Eds.), Sociological Theories in Progress (Vol.2), Boston, MA: Houghton-Mifflin.

[88] Emery, Fred E. (1970), "Some Psychological Aspect of Price," in Pricing Strategy, ed. Bernard Taylor and G. Willis, Princeton, NJ: Brandon Systems, 89-97.

[89] Erdem, Tulin, Mayhew Glenn and Sun, Baohong (2001), "Understanding Reference-Price Shoppers: A Within-and Cross-Category Analysis," Journal of Marketing Research, 38(4), 445-458.

[90] Feldman, Jack M. and G. Lynch, Jr. (1988), "Self-Generated Validity and Other Effects of Measurement on Belief, Attitude, Intention, and Behavior," Journal of Applied Psychology, 73(3), 421-435.

[91] Festinger, L. (1957), The Theory of Cognitive Dissonance, Stanford, California: Stanford University Press.

[92] Filley, A. C. (1975), Interpersonal Conflict Resolution, Glenview, IL: Scott, Foresman.

[93] Fincham, Frank D. and Joseph M. Jaspers (1980), "Attribution of Responsibility: From Man the Scientist to Man as Lawyer," Advances in Experimental Social Psychology, 13, 81-138.

[94] Finkel, Norman J. (2001), Not Fair! The Typology of Commonsense Unfairness, Washington, DC: American Psychological Association.

[95] Folkes, Valerie S. (1988), "Recent Attribution Research in Consumer Behavior: A Review and New Directions," Journal of Consumer Research, 14(4), 548-565.

[96] Folkes, Valerie S. (1990), "Conflict in the Marketplace: Explaining Why Products Fail," in Attribution Theory: Applications to Achievement, Mental Health, and Interpersonal Conflict, Sandra Graham, ed. Hillsdale, NJ: Lawrence Erlbaum Associates, 143-160.

[97] Folkes, Valerie S., Susan Koletsky, and John L. Graham (1987), "A Field Study of Causal Inferences and Consumer Reaction: The View from the Airport,"

Journal of Consumer Research, 13(4), 534-539.

[98] Franciosi, Robert, Praveen Kugal, Roland Michelitsch, Vernon Smith, and Gang Deng (1995), "Fairness: Effect on Temporary and Equilibrium Prices in Posted-Offer Markets," The Economic Journal, 105(431), 938-950.

[99] Frey, Bruno S. and Werner W. Pommerehne (1993), "On the Fairness of Pricing: An Empirical Survey among the General Population," Journal of Economic Behavior and Organization, 20(3), 295-307.

[100] Gabor, Andre (1977), Pricing: Principles and Practices, London: Heinemann.

[101] Gabor, Andre and Clive Granger (1966), "Price as an Indicator of Quality: Report on an Enquiry," Economica, 33(129), 43-70.

[102] Gabor, Andre and C. W. J. Granger (1961), "On the Price Consciousness of Consumers," Applied Statistics, 10(3), 170-188.

[103] Garbarino, Ellen and Olivia F. Lee (2003), "Dynamic Pricing in Internet Retail: Effects on Consumer Trust," Psychology & Marketing, 20(6), 495-513.

[104] Gerstner, E. (1985), "Do Higher Prices Signal Higher Quality," Journal of Marketing Research, 22(2), 209-215.

[105] Gerbing, D. W., & Anderson, J. C. (1988), "An Updated Paradigm for Scale Development Incorporating Unidimensionality and its Assessment," Journal of Marketing Research, 25(2), 186-193.

[106] Graham, Sandra, Cynthia Hudley, and Estella Williams (1992), "Attributional and Emotional Determinants of Agression among African-American and Latino Young Adolescents," Developmental Psychology, 28(4), 731-740.

[107] Greenberg, Jerald (1988), "Using Social Accounts to Manage Impressions of Performance Appraisal Fairness," in Communicating Fairness in Organizations, J. Greenberg and R.J. Bies, cochairs. Symposium presented at the Academy of Management, Anaheim, CA.

[108] Greenberg, Jerald (1990), "Looking Fair vs. Being Fair: Managing Impressions of Organizational Justice," in Research in Organizational Behavior, Barry M. Staw and L.L. Cummings, eds. Greenwich, CT: JAI Press, 111-157.

[109] Greenberg, Jerald and Suzyn Ornstein (1983), "High Status Job Title as Compensation for Underpayment: A Test of Equity Theory," Journal of Applied Psychology, 68(2), 285-297.

[110] Greenleaf, Eric A. (1995), "The Impact of Reference Price Effects on the Profitability of Price Promotions," Marketing Science, 14(1), 82-104.

[111] Grewal, D., Gotlieb, J. and Marmorstein, H. (1994), "The Moderating Effects of Message Framing and Source Credibility on the Price-Perceived Risk Relationship," Journal of Consumer Research, 21(1), 74-81.

[112] Grewal, Dhruv, Kent B. Monroe, and R. Krishnan (1998), "The Effects of Price-Comparison Advertising on Buyers' Perceptions of Acquisition Value, Transaction Value, and Behavioral Intentions," Journal of Marketing, 62(2), 46-59.

[113] Guadagni, Peter M. and John D. C. Little (1983), "A Logit Model of Brand Choice Calibrated on Scanner Data," Marketing Science, 2(1), 203-238.

[114] Gundlach, G. T., Achrol, R. S., & Mentzer, J. T. (1995), "The Structure of Commitment in Exchange," Journal of Marketing, 59(1), 78-92.

[115] Gupta, Sunil (1988), "Impact of Sales Promotions on When, What, and How Much to Buy," Journal of Marketing Research, 25(4), 342-355.

[116] Gupta, Sunil and Cooper, Lee G. (1992), "The Discounting of Discounts and Promotion Thresholds," Journal of Consumer Research, 19(3), 401-411.

[117] Gurumurthy, K. and John D. C. Little (1986), "A Pricing Model Based on Perception Theories and Its Testing on Scanner Panel Data," working paper, Sloan School of Management, Massachusetts Institute of Technology, Cambridge 02139.

[118] Haddock, David D. and Fred S. McChesney (1994), "Why Do Firms Contrive Shortages? The Economics of Intentional Mispricing," Economic Inquiry, 32(4), 562-581.

[119] Han, Sangman, Gupta Sunil and Lehmann, Donald R. (2001), "Consumer Price Sensitivity and Price Thresholds," Journal of Retailing, 77(4), 435-456.

[120] Harberger, A. C. (1954), "Monopoly and Resource Allocation", AER, 44, May.

[121] Hardie, Bruce G. S., Eric J. Johnson, and Peter S. Fader (1993), "Modeling Loss Aversion and Reference Dependence Effects on Brand Choice," Marketing Science, 12(4), 378-394.

[122] Hastie, Reid and Bernadette Park (1986), "The Relationship between Memory and Judgment Depends on Whether the Judgment Task Is Memory-Based

or On-Line," Psychological Review, 93(3), 258-268.

[123] Hausman，J. A. (2002), "Goals of Regulation，Course on Regulation," Wuhan University and Peking University, November.

[124] Haveman，R. H.，M. Gabay，and J. Andreoni (1987), "Exact Consumer's Surplus and Deadweight Loss: A Correction," The American Economic Review, 77(3), 494-495.

[125] Heath, Chip and Soll, Jack B. (1996), "Mental Budgeting and Consumer Decision," Journal of Consumer Research, 23(1), 40-52.

[126] Heider, F. (1958), The psychology of interpersonal relations, New York, NY: John Wiley.

[127] Helms，L. J. (1985), "Expected Consumer's Surplus and the Welfare Effects of Price Stabilization," International Economic Review, 26(3), 603-617.

[128] Helson, Harry (1964), Adaptation Level Theory, New York: Harper & Row.

[129] Herr, Paul M. (1989), "Priming Price: Prior Knowledge and Context Effects," Journal of Consumer Research, 16(1), 67-75.

[130] Hicks，J. R. (1945), "The Generalized Theory of Consumer's Surplus," The Review of Economic Studies, 13(2), 68-74.

[131] Higgins, E. Tory (1996), "Knowledge Activation: Accessibility, Applicability and Salience," in Social Psychology: Handbook of Basic Principles, ed. E. Tory Higgins and Arie W. Kruglanski. New York: Guilford, 133-168.

[132] Higgins, E. Tory and Akiva Lieberman (1994), "Memory Errors from a Change of Standard: A Lack of Awareness or Understanding?" Cognitive Psychology, 27(3), 227-258.

[133] Higgins, E. Tory and Liora Lurie (1983), "Context, Categorization, and Recall: The 'Change-of-Standard' Effect," Cognitive Psychology, 15(4), 525-547.

[134] Holbrook, M. B. and Corfman, K. P. (1985), "Quality and Value in the Consumption Experience: Phaedrus Rides Again," in Jacoby, J. and Olson, J. C. (Eds), Perceived Quality, Lexington Books, Lexington, MA, 31-57.

[135] Homans, G.C. (1961), Social Behavior: Its Elementary Forms, New York: Harcourt, Brace & World.

[136] Howard, John A. (1977), Consumer Behavior: Application of Theory, New York: McGraw-Hill.

[137] Huppertz, J. W., Arenson, S. J., & Evans, R. H. (1978), "An Application of Equity Theory to Buyer-Seller Exchange Situations," Journal of Marketing Research, 15(2), 250-260.

[138] Inman, J. J. and McAlister, L. (1994), "Do Coupon Expiration Dates Affect Consumer Behavior?" Journal of Marketing Research, 31(3), 423-428.

[139] Inman, H. Jeffrey, Leigh McAlister, and Wayne D. Hoyer (1990), "Promotion Signal: Proxy for a Price Cut?" Journal of Consumer Research, 17(1), 74-81.

[140] Inman, J. J., Peter, A. C. and Raghubir, P. (1997), "Framing the Deal: the Role of Restrictions in Accentuating Deal Value," Journal of Consumer Research, 24(1), 68-79.

[141] Isen, A. M. and Simmonds, S. (1978), "The Effect of Feeling Good on a Task that is Incompatible with Mood," Social Psychology Quarterly, 41(4), 346-349.

[142] Isen, A. M. (1984), "The Influence of Positive Affect on Decision Making and Cognitive Organization," Advances in Consumer Research, 11(1), 534-537.

[143] Jacoby, Jacob (1976), "Consumer and Industrial Psychology: Prospects for Theory Corroboration and Mutual Contribution," in Handbook of Industrial and Organizational Psychology, Marvin D. Dunnette, ed. Chicago: Rand-McNally, 1031-1061.

[144] Jacoby, Jacob and Robert W. Chestnut (1978), Brand Loyalty: Measurement and Management, New York: Wiley.

[145] Jacobson, Robert and Obermiller, Carl (1990), "The Formation of Expected Future Price: A Reference Price for Forward-Looking Consumers," Journal of Consumer Research, 16(4), 420-432.

[146] Jain, Dipak C. and Vilcassim, Naufel J. (1991), "Investigating Household Purchase Timing Decision: A Conditional Hazard Function Approach," Marketing Science, 10(1), 1-23.

[147] Janiszewski, Chris and Cunha Marcus Jr. (2004), "The Influence of Price Discount Framing on the Evaluation of a Product Bundle," Journal of Consumer Research, 30(4), 534-546.

[148] Janiszewski, Chris and Donald R. Lichtenstein (1999), "A Range Theory

Account of Price Perception," Journal of Consumer Research, 25(4), 353-368.

[149] Jedidi, Kamel, Mela Carl F., and Gupta, Sunil (1999), "Managing Advertising and Promotion for Long Run Profitability," Marketing Science, 18(1), 1-22.

[150] Kachelmeier, Steven J., Stephen T. Limberg, and Michael S. Schadewald (1991), "A Laboratory Market Examination of the Consumer Price Response to Information About Producers' Costs and Profits," The Accounting Review, 66(4), 694-717.

[151] Kachelmeier, Steven, Stephen Limberg, and Michael Schadewald (1991), "Fairness in Markets: A Laboratory Investigation," Journal of Economic Psychology, 12(3), 447-464.

[152] Kahn, Barbara E. and Schmittlein, David C. (1992), "The Relationship Between Purchases Made on Promotion and Shopping Trip Behavior," Journal of Retailing, 68(3), 294-315.

[153] Kahneman, Daniel and Amos Tversky (1979), "Prospect Theory: An Analysis of Decision under Risk," Econometrica, 47(2), 263-291.

[154] Kahneman, Daniel and Dale T. Miller (1986), "Norm Theory: Comparing Reality to Its Alternatives," Psychological Review, 93(2), 136-153.

[155] Kahneman, D. and Tversky, A. (1971), "Belief in the Law of Small Numbers," Psychological Bulletin, 76(2), 105-110.

[156] Kahneman, D. and Tversky, A. (1973), "On the Psychology of Prediction," Psychological Review, 80(4), 237-251.

[157] Kahneman, D. and Tversky, A. (1974), "Judgment under Uncertainty: Heuristics and Bias," Science, 27, 1124-1131.

[158] Kahneman, Daniel, Jack L. Knetsch, and Richard Thaler (1986a), "Fairness and the Assumptions of Economics," Journal of Business, 59(4), 285-300.

[159] Kahneman, Daniel, Jack L. Knetsch, and Richard Thaler (1986b), "Fairness as a Constraint on Profit Seeking Entitlements in the Market," The American Economic Review, 76(4), 728-741.

[160] Kalapurakal, Rosemary, Peter R. Dickson, and Joel Urbany (1991), "Perceived Price Fairness and Dual Entitlement," Advances in Consumer Research, 18(1), 788-793.

[161] Kalapurakal, R., Dickson, P. R., and Urbany, J. E. (1992), A Conceptual Model of Price Fairness Judgements, Working Paper, Ohio State University.

[162] Kalwani, Manohar U., Chi Kin Yim, Heikki J. Rinne, and Yoshi Sugita (1990), "A Price Expectation Model of Consumer Brand Choice," Journal of Marketing Research, 27(3), 251-262.

[163] Kalwani, Manohar U. and Yim, Chi Kin (1992), "Consumer Price and Promotion Expectations: An Experimental Study," Journal of Marketing Research, 29(1), 90-100.

[164] Kalyanaram, Gurumurthy and Little, John D.C. (1994), "An Empirical Analysis of Latitude of Price Acceptance in Consumer Package Goods," Journal of Consumer Research, 21(3), 408-418.

[165] Kalyanaram, Gurumurthy and Winer, Russell S. (1995), "Empirical Generalizations from Reference Price Research," Marketing Science, 14(3), 161-169.

[166] Kamakura, Wagner and Russell, Gary J. (1989), "A Probabilistic Choice Model for Market Segmentation and Elasticity Structure," Journal of Marketing Research, 26(4), 379-390.

[167] Kamen, Joseph and Robert Toman (1970), "Psychophysics of Prices," Journal of Marketing Research, 7(1), 27-35.

[168] Kamins, Michael A., Dreze Xavier and Folkes, Valerie S. (2004), "Effects of Seller-Supplied Prices on Buyers' Product Evaluations: Reference Prices in an Internet Auction Context," Journal of Consumer Research, 30(4), 622-628.

[169] Kardes, Frank R. (1986), "Effects of Initial Product Judgments on Subsequent Memory-Based Judgments," Journal of Consumer Research, 13(1), 1-11.

[170] Kerby, J. K. (1967), "Semantic Generalization in the Formation of Consumer Attitudes," Journal of Marketing Research, 4(3), 314-317.

[171] Kimes, Sheryl E. (1994), "Perceived Fairness of Yield Management," The Cornell H.R.A. Quarterly, 35(1), 22-29.

[172] Kidd, R.F., and M.K. Utne (1978), "Reactions to Inequity: A Prospective on the Role of Attributions," Law and Human Behavior, 2(4), 301-312.

[173] Kirmani, Amna and Akshay R. Rao (2000), "No Pain, No Gain: A

Critical Review of the Literature on Signaling Unobservable Product Quality," Journal of Marketing, 64(2), 66-79.

[174] Klein, Noreen M. and Janet E. Oglethorpe (1987), "Cognitive Reference Points in Consumer Decision Making," Advances in Consumer Research, 14(1), 183-187.

[175] Kopalle Praveen, Rao Ambar G., and Assuncao Joao (1996), "Asymmetric Reference Price Effects and Dynamic Pricing Policies," Marketing Science, 15(1), 60-85.

[176] Krishna, Aradhna (1991), "Effect of Dealing Pattern on Consumer Perceptions of Deal Frequency and Willingness to Pay," Journal of Marketing Research, 28(4), 441-451.

[177] Krishna Aradhna, Imran C. Currim, and Robert W. Shoemaker (1991), "Consumer Perceptions of Promotional Activity," Journal of Marketing, 55(2), 4-16.

[178] Krishnamurthi, Lakshman and S. P. Raj (1988), "A Model of Brand Choice and Purchase Quantity Price Sensitivities," Marketing Science, 7(1), 1-20.

[179] Krishnamurthi, Lakshman and S.P. Raj (1991), "An Empirical Analysis of the Relationship Between Brand Loyalty and Consumer Price Elasticity," Marketing Science, 10(2), 172-183.

[180] Krishnamurthi, Lakshman, Mazumdar Tridib and Raj, S.P. (1992), "Asymmetric Response to Price in Consumer Brand Choice and Purchase Quantity Decisions," Journal of Consumer Research, 19(3), 387-400.

[181] Kumar, V., Karande Kiran and Reinartz, Werner J. (1998), "The Impact of Internal and External Reference Prices on Brand Choice: The Moderating Role of Contextual Variables," Journal of Retailing, 74(3), 401-426.

[182] Lattin, James M. and Randolph E. Bucklin (1989), "Reference Effects of Price and Promotion on Brand Choice Behavior," Journal of Marketing Research, 26(3), 299-310.

[183] Laurent, G. and Kapferer, J. N. (1985), "Measuring Consumer Involvement Profiles," Journal of Marketing Research, 22(1), 41-53.

[184] Lawler, F. E. (1968), "Equity Theory as a Predictor of Productivity and Work Quality," Psychological Bulletin, 70, 596-610.

[185] Lee, Lung-Fei and Robert P. Trost (1978), "Estimation of Some Limited

Dependent Variable Models with Application to Housing Demand," Journal of Econometrics, 8(3), 357-382.

[186] Lingle, John H. and Thomas M. Ostrom (1979), "Retrieval Selectivity in Memory-Based Impression Judgments," Journal of Personality and Social Psychology, 37(2), 180-194.

[187] Lichtenstein, D. R., Bloch, P. H., & Black, W. (1988), "Correlates of Price Acceptability," Journal of Consumer Research, 15(2), 243-252.

[188] Lichtenstein, Donald R. and William O. Bearden (1989), "Contexual Influences on Perceptions of Merchant-Supplied Reference Prices," Journal of Consumer Research, 16(1), 55-66.

[189] Lichtenstein, Donald R., Burton Scott and Karson, Erik J. (1991), "The Effect of Semantic Cues on Consumer Perceptions of Reference Price Ads," Journal of Consumer Research, 18(3), 380-391.

[190] Lichtenstein, Donald R., Richard G. Netemeyer, and Scot Burton (1990), "Distinguishing Coupon Proneness from Value Consciousness: An Acquisition-Transaction Utility Theory Perspective," Journal of Marketing, 54(3), 54-67.

[191] Lind, E. A., and Tyler, T. R. (1988), The Social Psychology of Procedural Justice, New York: Plenum Press.

[192] Loewenstein, George F. (1988), "Frames of Mind in Intertemporal Choice," Management Science, 30(2), 200-214.

[193] Loomes G. and Sugden R. (1983), "A Rationale for Preference Reversal," The American Economic Review, 73(3), 428-432.

[194] LoSciuto, L. A. and R. Perloff (1967), "Influence of Product Preference on Dissonance Reduction," Journal of Marketing Research, 4(3), 286-290.

[195] Lynch, John G., Dipankar Chakravarti, and Anusree Mitra (1991), "Contrast Effects in Consumer Judgments: Changes in Mental Representations or in the Anchoring of Rating Scales?" Journal of Consumer Research, 18(3), 284-297.

[196] Lynch John G., Jr., and Ariely, Dan (2000), "Wine Online: Search Costs Affect Competition on Price, Quality, and Distribution," Marketing Science, 19(1), 83-103.

[197] Lynch, John G., Jr. and Thomas K. Srull (1982), "Memory and

Attentional Factors in Consumer Choice: Concepts and Research Methods," Journal of Consumer Research, 9(1), 18-37.

[198] Lynch, John G., Jr., Howard Marmorstein, and Michael F. Weigold (1988), "Choices from Sets including Remembered Brands: Use of Recall Attributes and Prior Overall Evaluations," Journal of Consumer Research, 15(2), 169-184.

[199] Maddala (1983), Limited Dependent and Qualitative Variables in Econometrics, Cambridge: Cambridge University Press.

[200] Major, Brenda (1994), "From Social Inequality to Personal Entitlement: The Role of Social Comparisons, Legitimacy Appraisals, and Group Membership," in Advances in Experimental Social Psychology, Vol. 26, Mark P. Zanna, ed. New York: Academic Press, 293-355.

[201] Major, Brenda and Maria Testa (1989), "Social Comparison Processes and Judgments of Entitlement and Satisfaction," Journal of Experimental Social Psychology, 25(2), 101-120.

[202] Manis, Melvin and Joan R. Paskewitz (1984), "Specificity in Contrast Effects: Judgments of Psychopathology," Journal of Experimental Social Psychology, 20(3), 217-230.

[203] Martilla, J. A. and James, J. C. (1977), "Importance-Performance Analysis," Journal of Marketing, 41(1), 77-79.

[204] Martins, Marielza (1995), "An Experimental Investigation of the Effects of Perceived Price Fairness on Perceptions of Sacrifice and Value," doctoral dissertation, Department of Business Administration, University of Illinois.

[205] Mayhew, Glenn E. and Winer, Russell S. (1992), "An Empirical Analysis of Internal and External Reference Prices Using Scanner Data," Journal of Consumer Research, 19(1), 62-70.

[206] Matzler, K. and Sauerwein, E. (2002), "The Factor Structure of Customer Satisfaction: An Empirical Test of the Importance Grid and the Penalty-Reward-Contrast Analysis," International Journal of Service Industry Management, 13(2), 331-332.

[207] Matzler, K., Hinterhuber, H. H., Bailom F. and Sauerwein, E. (1996), "How to Delight Your Customers," Journal of Product and Brand Management, 48(1), 6-18.

[208] Maxwell, Sarah (1995), "What Makes a Price Increase Seem 'Fair'?" Pricing Strategy & Practice, 3(4), 21-27.

[209] Maxwell, Sarah (1999), "The Social Norms of Discrete Consumer Exchange: Classification and Quantification," American Journal of Economics and Sociology, 58(4), 999-1018.

[210] Maxwell, Sarah (2002), "Rule-Based Price Fairness and Its Effect on Willingness to Purchase," Journal of Economic Psychology, 23(2), 191-212.

[211] Maxwell, Sarah, Pete Nye, and Nicholas Maxwell (1999), "Less Pain, Some Gain: The Effects of Priming Fairness in Price Negotiations," Psychology & Marketing, 16(7), 545-562.

[212] Mayer, Roger C., James H. Davis, and F. David Schoorman (1995), "An Integrative Model of Organizational Trust," Academy of Management Review, 20(3), 709-734.

[213] Martins, Marielza and Kent B. Monroe (1994), "Perceived Price Fairness: A New Look at an Old Construct," Advances in Consumer Research, 21(1), 75-78.

[214] Mazumdar, Tridib and Kent B. Monroe (1990), "The Effects of Buyers' Intentions to Learn Price Information on Price Encoding," Journal of Retailing, 66(1), 15-32.

[215] Mazumdar, Tridib and Papatla, Purushottam (2000), "An Investigation of Reference Price Segments," Journal of Marketing Research, 37(2), 246-258.

[216] Mazumdar Tridib, Raj S. P. and Sinha, Indrajit (2005), "Reference Price Research: Review and Propositions," Journal of Marketing, 69(4), 84-102.

[217] McKnight, D. Harrison, Larry L. Cummings, and Norman L. Chervany (1998), "Initial Trust Formation in New Organizational Relationships," Academy of Management Review, 23(3), 473-490.

[218] Menon, Geeta, and Raghubir, Priya (2003), "Ease-of-Retrieval as an Automatic Input in Judgments: A Mere-Accessibility Framework," Journal of Consumer Research, 30(2), 230-243.

[219] Merikle, Philip M., Daniel Smilek, and John D. Eastwood (2001), "Perception without Awareness: Perspectives from Cognitive Psychology," Cognition, 79(1), 115-134.

[220] Messick, D. M., & Sentis, K. (1983), Fairness, Preference and Fairness

Biases, In D. Messick, & K. Cook (Eds.), Equity theory. New York, NY: Praeger Publishers.

[221] Meyerowitz, B. E. and Chaiken, S. (1987), "The Effect of Message Framing on Breast Self-Examination Attitudes, Intentions, and Behavior," Journal of Personality and Social Psychology, 52(3), 500-510.

[222] Mezias, Stephen J., Chen Ya-Ru and Murphy, Patrice R. (2002), "Aspiration-Level Adaptation in an American Financial Services Organization: A Field Study," Management Science, 48(10), 1285-1300.

[223] Mitchell, A. A. and Dacin, P. A. (1996), "The Assessment of Alternative Measures of Consumer Expertise," Journal of Consumer Research, 23(3), 219-239.

[224] Mittal, B. (1989), "A Theoretical Analysis of Two Recent Measures of Involvement," Advances in Consumer Research, 16, 697-702.

[225] Mittal, V., Ross, W. T. and Baldasare P. M. (1998), "The Asymmetric Impact of Negative and Positive Attribute-Level Performance on Overall Satisfaction and Repurchase Intentions," Journal of Marketing, 62(1), 33-47.

[226] Mittelstaedt, R. (1969), "A Dissonance Approach to Repeat Purchasing Behavior," Journal of Marketing Research, 6(4), 444-446.

[227] Molm, L. D., Quist, T. M., & Wiseley, P. A. (1994), "Imbalanced Structures, Unfair Strategies: Power and Justice in Social Exchange," American Sociological Review, 59(1), 98-121.

[228] Monroe, Kent B. (1971), "Measuring Price Thresholds by Psychophysics and Latitudes of Acceptance," Journal of Marketing Research, 8(4), 460-464.

[229] Monroe, Kent B. (1973), "Buyers' Subjective Perceptions of Price," Journal of Marketing Research, 10(1), 70-80.

[230] Monroe, Kent B. (1990), Pricing: Making Profitable Decisions, New York: McGraw-Hill.

[231] Monroe, Kent B. (2003), Pricing: Making Profitable Decisions, 3d ed, Burr Ridge, IL: McGraw-Hill/Irwin.

[232] Monroe, Kent B. and Joseph D. Chapman (1987), "Framing Effects on Buyers' Subjective Product Evaluations," Advances in Consumer Research, 14(1), 193-197.

[233] Monroe, K. B. and Lee, A. Y. (1999), "Remembering versus Knowing:

Issues in Buyers' Processing of Price Information," Journal of the Academy of Marketing Science, 27(1), 207-225.

[234] Monroe, Kent B. and Susan M. Petroshius (1981), "Buyers' Perceptions of Price: An Update of the Evidence," in Perspectives in Consumer Behavior, Harold H. Kassarjian and Thomas S. Robertson, Glenview, IL: Scott, Foresman, 43-55.

[235] Monroe, Kent B., Christine P. Powell, and Pravat K. Choudhury (1986), "Recall versus Recognition as a Measure of Price Awareness," Advances in Consumer Research, 13(1), 594-599.

[236] Monroe, Kent B., Christine P. Powell, and Pravat K. Chordhury (1986), "The Influence of Price Awareness on Price Perceptions," Advances in Consumer Research, 13(1), 595-599.

[237] Moore, L. and R. M. Baron (1973), "Effects of Wage Inequities on Work Attitudes and Performance," Journal of Experimental Social Psychology, 9(1), 1-16.

[238] Morgan, Robert M. and Shelby D. Hunt (1994), "The Commitment-Trust Theory of Relationship Marketing," Journal of Marketing, 58(3), 20-38.

[239] Morwitz, Vicki G., Greenleaf Eric A. and Johnson, Eric J. (1998), "Divide and Prosper: Consumers' Reactions to Partitioned Prices," Journal of Marketing Research, 35(4), 453-463.

[240] Moore, W. L. and Lehmann, D. R. (1980), "Individual Differences in Search Behavior for a Nondurable," Journal of Consumer Research, 7(3), 296-307.

[241] Mussweiler, Thomas (2003), "Everything is Relative: Comparison Processes in Social Judgment," European Journal of Social Psychology, 33(6), 719-733.

[242] Nagle, T. T. and Holden, R. K. (1995), The Strategy and Tactics of Pricing: A Guide to Profitable Decision-Making, Prentice-Hall, Englewood Cliffs, NJ.

[243] Neslin, Scott, A., Caroline Henderson, and John Quelch (1985), "Consumer Promotions and the Acceleration of Product Purchases," Marketing Science, 4(2), 147-165.

[244] Niedrich, Ronald W., Sharma Subhash and Wedell, Douglas H. (2001), "Reference Price and Price Perceptions: A Comparison of Alternative Models," Journal of Consumer Research, 28(3), 339-354.

[245] Nijs, Vincent, Dekimpe Marnik G., Steenkamp, Jan-Benedict E. M. and Hanssens, Dominique M. (2001), "The Category Demand Effects of Price Promotions," Marketing Science, 20(1), 1-22.

[246] Nunes, Joseph C. and Boatwright, Peter (2004), "Incidental Prices and Their Effect on Willingness to Pay," Journal of Marketing Research, 41(4), 457-466.

[247] Okun, A. M. (1981), Prices and Quantities: A Macroeconomic Analysis, Washington, DC: The Brookings Institution.

[248] Oliver, Richard L. (1997), Satisfaction: A Behavioral Perspective on the Consumer, Burr Ridge, IL: McGraw-Hill/Irwin.

[249] Oliver, Richard L. and John E. Swan (1989a), "Consumer Perceptions of Interpersonal Equity and Satisfaction in Transactions: A Field Survey Approach," Journal of Marketing, 53(2), 21-35.

[250] Oliver, Richard L. and John E. Swan (1989b), "Equity and Disconfirmation Perceptions as Influences on Merchant and Product Satisfaction," Journal of Consumer Research, 16(3), 372-383.

[251] Olson, Jerry C. (1980), "Implications of an Information Processing Approach to Pricing Research," Theoretical Developments in Marketing, 13-16.

[252] Opp, Karl-Dieter (1982), "The Evolutionary Emergence of Norms," British Journal of Social Psychology, 21(2), 139-149.

[253] Ordóñez, Lisa D., Terry Connolly, and Richard Coughlan (2000), "Multiple Reference Points in Satisfaction and Fairness Assessment," Journal of Behavioral Decision Making, 13(3), 329-344.

[254] Oshikawa, S. (1969), "Can Cognitive Dissonance Theory Explain Consumer Behavior?" Journal of Marketing, 33(4), 44-49.

[255] Ostrom, Thomas M. and Harry S. Upshaw (1968), "Psychological Perspective and Attitude Change," in Psychological Foundations of Attitudes, ed. Anthony G. Greenwald et al. New York: Academic Press, 217-242.

[256] Padula Giovanna and Busacca Bruno (2005), "The Asymmetric Impact of Price-Attribute Performance on Overall Price Evaluation," International Journal of Service Industry Management, 16(1), 28-54.

[257] Parducci, Allen, Susan Knobel, and Christopher Thomas (1976), "Independent Contexts for Category Ratings: A Range-Frequency Analysis," Perception and Psychophysics, 20(5), 360-366.

[258] Park, C. W. (1976), "The Effects of Individual and Situation-Related Factors on Consumer Selection of Judgmental Models," Journal of Marketing Research, 13(2), 144-151.

[259] Park, C. Whan, Jun Sung Youl and MacInnis, Deborah J. (2000), "Choosing What I What Versus Rejecting What I Do Not What: An Application of Decision Framing to Product Option Choice Decisions," Journal of Marketing Research, 37(2), 187-202.

[260] Pechmann, C. and Ratneshwar, S. (1991), "Consumer Covariation Judgments: Theory or Data Driven?" Journal of Consumer Research, 19(3), 373-386.

[261] Peterson, R. A. and Wilson, W. R. (1985), "Perceived Risk and Price Reliance Schema and Price-Perceived-Quality Mediators," in Jacoby, J. and Olson, J. C. (Eds), Perceived Quality, Lexington Books, Lexington, MA, 247-267.

[262] Petty, R. E., Schumann, D. W., Richman, S. A. and Stratham, A. J. (1993), "Positive Mood and Persuasion: Different Roles for Affect under High-and Low-Elaboration Conditions," Journal of Personality and Social Psychology, 64(1), 5-20.

[263] Pritchard, R. D. (1969), "Equity Theory: A Review and Critique," Organizational Behavior and Human Performance, 4(4), 176-211.

[264] Puto, Christopher P. (1987), "The Framing of Buying Decisions," Journal of Consumer Research, 14(3), 301-315.

[265] Raghunathan Rajagopal and Michel Tuan Pham (1999), "All Negative Moods Are Not Equal: Motivational Influences of Anxiety and Sadness on Decision Making," Organizational Behavior and Human Decision Process, 79(1), 56-77.

[266] Raman, Kalyan and Frank M. Bass (1986), "A General Test of Reference Price Theory in the Presence of Threshold Effects," Working Paper, University of Texas at Dallas, Richardson, TX 75080.

[267] Rajendran, K. N. and Tellis, Gerard J. (1994), "Contextual and Temporal Components of Reference Price," Journal of Marketing, 58(1), 22-34.

[268] Raju, P. S. (1977), "Product Familiarity, Brand Name and Price Influences on Product Evaluation Price Bundling," Advances in Consumer Research, 4, 64-71.

[269] Rempel, John K., John G. Holmes, and Mark P. Zanna (1985), "Trust in Close Relationships," Journal of Personality and Social Psychology, 49(1), 95-112.

[270] Samuelson, W., & Zeckhauser, R. (1988), "Status Quo Bias in Decision Making," Journal of Riskand Uncertainty, 1(1), 7-59.

[271] Sawyer, Alan G. and Peter H. Dickson (1984), "Psychological Perspectives on Consumer Response to Sales Promotion," in Research on Sales Promotion: Collected Papers, ed. Katherine E. Jocz, Cambridge, MA: Marketing Science Institute.

[272] Schindler, Robert M. and Kirby, Patrick N. (1997), "Patterns of Rightmost Digits Used in Advertised Prices: Implications for Nine-Ending Effects," Journal of Consumer Research, 24(2), 192-201.

[273] Schwarz, Norbert and Robert S. Wyer (1985), "Effects of Rank Ordering Stimuli on Magnitude Ratings of These and Other Stimuli," Journal of Experimental Social Psychology, 21(1), 30-46.

[274] Shankar, Venkatesh and Bolton, Ruth N. (2004), "An Empirical Analysis of Determinants of Retailer Pricing Strategy," Marketing Science, 23(1), 28-49.

[275] Sherman, Steven K., Karin Ahlm, Leonard Berman, and Steven Lynn (1978), "Contrast Effects and Their Relationship to Subsequent Behavior," Journal of Personality and Social Psychology, 14(4), 340-350.

[276] Shugan, Steven M. and Xie, Jinhong (2000), "Advance Pricing of Services and Other Implications of Separating Purchase and Consumption," Journal of Service Research, 2(3), 227-239.

[277] Simonson, I. (1992), "The Influence of Anticipating Regret and Responsibility on Purchase Decisions," Journal of Consumer Research, 19(1), 105-118.

[278] Sinha, Indrajit and Rajeev Batra (1999), "The Effect of Consumer Price Consciousness on Private Label Purchase," International Journal of Research in Marketing, 16(3), 237-251.

[279] Sirdeshmukh, Deepak, Jagdip Singh, and Barry Sabol (2002), "Consumer Trust, Value, and Loyalty in Relational Exchanges," Journal of Marketing, 66(1), 15-37.

[280] Smith, Amy K., Ruth N. Bolton, and Janet Wagner (1999), "A Model of Customer Satisfaction with Service Encounters Involving Service Failure," Journal

of Marketing Research, 36(3), 356-372.

[281] Spence, Michael (1974), Marketing Signaling, Cambridge, MA: Harvard University Press.

[282] Srull, Thomas K. and Robert S. Wyer (1980), "Category Accessibility and Social Perception: Some Implications for the Study of Person Memory and Interpersonal Judgment," Journal of Personality and Social Psychology, 38(6), 841-856.

[283] Storm, Christine and Tom Storm (1987), "A Taxonomic Study of the Vocabulary of Emotions," Journal of Personality and Social Psychology, 53(4), 805-816.

[284] Stephenson，Matthew A．(1969), "A Note on Simon Patten's Contribution to the Concept of Consumer's Surplus," The Journal of Political Economy, 77(2), 242-244．

[285] Suri, R. (1996), "An Investigation of the Effects of Time Pressure on Consumers' Perception of Price, Quality, and Value," unpublished doctoral dissertation, Department of Business Administration, University of Illinois at Urbana-Champaign, Champaign, IL.

[286] Suri, R. and Monroe, K. B. (1999), "The Effects of Time Constraints on Consumers' Perception of Price, Quality, and Value," working paper, Drexel University, Philadelphia, PA.

[287] Suri, R., Manchanda, R. V. and Kohli, C. S. (2000), "Brand Evaluation: A Comparative of Fixed Price and Discounted Price Offers," Journal of Product and Brand Management, 9(3), 193-206.

[288] Thaler, Richard (1985), "Mental Accounting and Consumer Choice," Marketing Science, 4 (3), 199-214.

[289] Thibaut, J.W. and L. Walker (1975), Procedural Justice: A Psychological Analysis, Hillsdale, NJ: Lawrence Erlbaum Associates.

[290] Thomas, G. P., & Soldow, G. F. (1988), "A Rules-Based Approach to Competitive Interaction," Journal of Marketing, 52(2), 63-74.

[291] Thomas, Manoj and Morwitz, Vicki (2005), "Penny Wise and Pound Foolish: The Left Digit Effect in Price Cognition," Journal of Consumer Research, 32(1), 54-62.

[292] Tullock，G．(1967), "The Welfare Costs of Tariffs, Monopolies and

Thefts," Western Economics Journal, 5(3), 69-86.

[293] Tversky A, Kahneman D. (1981), "The Framing of Decisions and the Psychology of Choice," Science, 30, 453-458.

[294] Uhl, Joseph N. and Harold L. Brown (1971), "Consumer Perception of Experimental Retail Food Price Changes," Journal of Consumer Affairs, 5(2), 174-185.

[295] Upshaw, Harry S. (1965), "The Effect of Variable Perspectives on Judgments of Opinion Statements for Thurstone Scales: Equal-Appearing Intervals," Journal of Personality and Social Psychology, 2(1), 60-69.

[296] Urbany, Joel E. (1986), "An Experimental Examination of the Economics of Information," Journal of Consumer Research, 13(2), 257-271.

[297] Urbany, Joel E., Bearden William O. and Weilbaker, Dan C. (1988), "The Effect of Plausible and Exaggerated Reference Price on Consumer Perceptions and Price Search," Journal of Consumer Research, 15(1), 95-110.

[298] Urbany, Joel E., Thomas J. Madden, and Peter R. Dickson (1989), "All's Not Fair in Pricing: An Initial Look at the Dual Entitlement Principle," Marketing Letters, 1(1), 17-25.

[299] Utne, M. K., and Kidd, R. (1980), Equity and attribution, In G. Mikula (Ed.), Justice and Social Interaction, New York, NY: Springer-Verlag.

[300] Vaidyanathan, Rajiv and Praveen Aggarwal (2003), "Who Is the Fairest of Them All? An Attributional Approach to Price Fairness Perceptions," Journal of Business Research, 56(6), 453-463.

[301] Vives, X. (1987), "Small Income Effects: A Marshallian Theory of Consumer Surplus and Downward Sloping Demand," The Review of Economic Studies, 54(1), 87-103.

[302] Voss, G. B., Parasuraman, A. and Grewal, D. (1998), "The Roles of Price, Performance, and Expectations in Determining Satisfaction in Service Exchanges," Journal of Marketing, 62(4), 46-61.

[303] Walster, E., E. Berscheid, and G. W. Walster (1973), "New Directions in Equity Research," Journal of Personality and Social Psychology, 25(2), 151-176.

[304] Walster, Elaine H., G. William Walster, and Ellen Berscheid (1978), Equity: Theory and Research, Boston: Allyn & Bacon.

[305] Weiner, Bernard (1985), "An Attributional Theory of Achievement

Motivation and Emotion," Psychological Review, 92(4), 548-573.

[306] Weiner, Bernard (1985), "Spontaneous Causal Thinking," Psychological Bulletin, 97(1), 74-84.

[307] Weiner, Bernard (1992), Human Motivation: Metaphors, Theories, and Research, Newbury Park, CA: Sage Publications.

[308] Weiner, Bernard (1995), Judgments of Responsibility: A Foundation for a Theory of Social Conduct, New York: Guilford Press.

[309] Winer, Russell S. (1985), "A Price Vector Model of Demand for Consumer Durables: Pleliminary Developments," Marketing Science, 4(1), 74-90.

[310] Winer, Russell S. (1986), "A Reference Price Model of Brand Choice for Frequently Purchased Products," Journal of Consumer Research, 13(2), 250-256.

[311] Winer, Russell S. (1988), "Behavioral Perspectives on Pricing: Buyers' Subjective Perception of Price Revisited," in Issues in Pricing: Theory and Research, ed. Timothy M. Devinney, Lexington, MA: Lexington, 35-57.

[312] Wood, Joanne V. (1989), "Theory and Research Concerning Social Comparisons of Personal Attributes," Psychological Bulletin, 106(2), 231-248.

[313] Woodruff, R. B. (1997), "Customer Value: the Next Source for Competitive Advantage," Journal of the Academy of Marketing Science, 25(2), 139-153.

[314] Wright, Peter (2002), "Marketplace Metacognition and Social Intelligence," Journal of Consumer Research, 28(4), 677-682.

[315] Wyer, Robert S. (1974), Cognitive Organization and Change: An Information Processing Approach, Hillsdale, NJ: Eribaum.

[316] Wyer, Robert S. and Thomas K. Srull (1989), Memory and Cognition in Its Social Context, Hillsdale, NJ: Eribaum.

[317] Xia, Lan, Weilbaker Kent B. and Cox, Jennifer L. (2004), "The Price Is Unfair! A Conceptual Framework of Price Fairness Perceptions," Journal of Marketing, 68(4), 1-15.

[318] Yadav, Manjit S. (1994), "How Buyers Evaluate Product Bundles: A Model of Anchoring and Adjustment," Journal of Consumer Research, 21(2), 342-353.

[319] Zaichkowsky, J. L. (1985), "Measuring the Involvement Construct," Journal of Consumer Research, 12(3), 341-352.

[320] Zeithaml, Valarie A. (1984), "Issues in Conceptualizing and Measuring Consumer Response to Price," Advances in Consumer Research, 11(1), 612-616.

[321] Zeithaml, V. (1988), "Consumers' Perception of Price, Quality, and Value: A Means-End Model and Synthesis of Evidence," Journal of Marketing, 52(3), 2-22.

[322] 丁际刚, 兰肇华. 前景理论述评[J]. 经济学动态, 2002(9): 64～66.

[323] 李爱梅, 凌文铨. 论行为经济学对传统经济理论的挑战[J]. 暨南学报（人文科学与社会科学版）, 2005(1): 24～29.

[324] 李爱梅, 曾小保. 心理账户的概念及其本质特征[J]. 生产力研究, 2004(9): 18～19.

[325] 刘鸿明. 论消费者剩余的产生对资源配置的影响[J]. 唐都学刊, 2006(2): 156～160.

[326] 陶一桃. "消费者剩余" 与社会经济福利感[J]. 学术研究, 2006(4): 37～41.

[327] 王冰, 申其辉. 消费者剩余理论评述[J]. 经济学动态, 2004(10): 78～81.

[328] 余嘉明, 刘洁. 捆绑销售中的价格策略研究——心理账户理论的运用[J]. 管理现代化, 2004(5): 4～7.